김치에 관한 세상의 모든 지식

김치에 관한 세상의 모든 지식

초판 인쇄일 2022년 8월 25일
초판 발행일 2022년 8월 31일

지은이 세계김치연구소
펴낸곳 ㈜콘텐츠하다
주소 서울시 영등포구 선유로49길 23, 2차IS비즈타워 613호
홈페이지 www.contentshada.com
전화 070-8987-2949

김치와 관련된 모든 의문에 답하다

김치에 관한 세상의 모든 지식

All about Kimchi

세계김치연구소 지음

콘텐츠하다

우리도 모르는 김치에 관한 모든 것

"한식 중 가장 좋아하는 음식이 무엇인가요?"

　누군가 이렇게 묻는다면 한국 사람들은 어떤 음식을 떠올릴까요? 숯불에 구운 갈비나 삼겹살, 온갖 나물이 어우러진 비빔밥, 시원하고 쫄깃한 냉면, 기력을 되찾아주는 뜨끈한 삼계탕 등 각자의 입맛에 따라 여러 음식들이 꼽힐 것입니다. 하지만 질문을 이렇게 바꾸면 어떨까요?

　"지난 일주일 동안 가장 자주 먹은 음식은 무엇인가요?"

　아마도 많은 이들이 '김치'라고 대답할 것입니다. 어떤 요리가 식탁에 올라와도 그 옆에는 언제나 김치가 함께 있었음을 우리는 잘 알고 있으니까요.

김치, 우리 마음을 채우는 음식

우리는 잘 익은 김치만 있으면 특별한 반찬이 없어도 밥 한 그릇을 뚝딱 해치울 수 있습니다. 한국 사람에게 김치는 평생을 함께해 온 먹을거리인 만큼 누구나 김치에 얽힌 추억의 장면을 하나쯤은 가지고 있을 것입니다. 출출한 새벽 후다닥 끓인 라면에 곁들여 먹은 김치 몇 조각이라든지, 어머니가 택배로 보내주신 푸짐한 김장김치라든지, 해외여행 중 미치도록 그립던 김치의 감칠맛이라든지, 처음으로 김치찌개나 김치볶음밥을 만들어 먹은 기억들 말이지요. 쓸쓸하고 외로운 마음을 달래는 고향의 음식들 중 하나로 꼽히기도 하니, 과연 김치는 한국인의 '소울푸드'라 할 만합니다.

우리는 김치에 대해 얼마나 알고 있을까

김치는 명실상부 한국의 음식입니다. 조상 대대로 먹어 왔고, 우리 모두가 어릴 때부터 줄곧 먹고 있는 일상의 음식이지요. 그런데 김치의 인기가 날로 높아지다 보니, 주변국에서 부러움이 도를 지나쳐 어처구니없는 주장을 할 때가 있습니다. 하지만 지금은 많은 세계인들이 김치가 한국의 전통 음식임을 오히려 나서서 인정해주고 있습니다.

2021년 8월 23일, 미국 캘리포니아주 하원의회에서는 한국의 '김치의 날'을 함께 기념하고자 11월 22일을 '캘리포니아주 김치의 날'로 제정하였습니다. 한인 1세대 의원이 자랑스럽게 들어 올린 〈김치의 날 결의문〉에는 "한국은 김치 종주국이다(Korea is the country of origin of kimchi)"라고 분명하게 쓰여 있었지요. 이러한 '김치의 날' 제정 움직임은 뉴저지주, 뉴욕주, 워싱턴 D.C.로 이어지더니 얼마 전에는 지구 반대편의 아르헨티나에서도 기쁜 소식을 보내 왔습니다. 김치의 글로벌한 위상을 다시금 확인하는 순간이었지요.

그렇다면 수천 년 전 우리 조상들이 만들어서 이제는 세계적인 식품이

된 김치에 대해 우리는 과연 얼마나 알고 있을까요?

'김치는 어떻게 상하지 않고 익을까? 익는 과정에서 왜 맛의 변화가 일어날까? 맨 처음 밥상에 올라온 김치는 지금과 얼마나 달랐을까? 김치의 어떤 점이 그토록 오랫동안 우리의 밥상에서 특별한 자리를 차지하게 했을까? 역사적으로 김치의 재료와 맛과 모양은 어떻게 변화해 왔을까? 세계 여러 나라 사람들이 김치에 열광하는 이유는 무엇일까? 김치는 정말 코로나19를 예방하는 역할을 할까? 채식주의자들은 왜 김치를 주목할까?'

이런 궁금증에 술술 답할 수 있는 사람은 드물 것입니다. 그래서 이에 대한 대답은 물론이고, 김치와 관련된 최근의 이슈들과 나날이 성장하는 김치산업의 현황, 그리고 김치에 관한 다양한 연구들을 이 책에 담았습니다.

김치에 대해 차근차근 알아가다 보면 언제 어디서든 '김치는 우리 것!'이라고 더 자신 있게 말할 수 있을 것입니다. 그리고 그것은 곧 우리 자신에 대해 더 잘 아는 일일 것입니다.

김치를 지키는 사람들

김치의 맛은 책으로 전해진 것이 아닙니다. 부엌에서, 마당에서, 밥상 앞에서, 가족과 이웃이 모여 함께 만들면서 눈으로 보고, 손으로 익히고, 입으로 맛보며 전해졌습니다. 배추를 소금에 절여 놓는 시간부터 양념의 준비 과정과 재료들의 배합법, 그리고 항아리에 담는 법까지요.

세월이 흐르면서 김장문화는 부분적으로 달라지긴 했지만, 김장을 할 때의 마음가짐은 예나 지금이나 마찬가지인 것 같습니다. 평상시에는 검소하고 알뜰하던 이들도 김장을 할 때만큼은 아끼지 않고 좋은 재료를 넉넉히 준비해 솜씨를 다합니다. 김치는 식구의 밥상에서 언제나 든든한 건강 반찬이 될 것임을 잘 알아서지요. 이런 마음과 정성이 없었다면 김치는 천년이 넘도록 사랑받을 수 없었을 것입니다.

비단 김치를 직접 담근 이들만 김치의 맥을 이어온 것은 아닙니다. 다른 지역의 색다른 김치를 기꺼이 맛보는 사람, 라면을 먹더라도 꼭 김치를 꺼내는 사람, 아이들 학교급식의 김치 맛이 어떤지 궁금해하는 사람, 김치로 온갖 요리들을 만들어 보는 사람, 김치를 사 먹을 때 재료의 원산지와 상품평을 열심히 들여다보는 사람 등 김치를 좋아하고 김치의 가치를 소중히 여기는 이들은 모두 김치를 지켜온 사람들이라고 할 수 있습니다.

세계김치연구소는 지난 세월을 훑어보고, 놀라운 발효 과학의 비밀도 들여다보고, 세계인의 입맛을 사로잡은 비결도 짚어 보면서 과학·산업·기술·문화 등 모든 분야에 걸쳐 연구한 김치의 놀라운 세계를 독자 여러분에게 속속들이 전하고자 합니다.

이 책을 통해 많은 독자들이 김치의 과학과 문화의 우수성을 이해하고 김치에 대한 소중한 가치를 깨달아, 우리 김치문화를 널리 알리고 지키는 일에 함께하기를 바랍니다.

2022년 8월
세계김치연구소

차 례

세계김치연구소 이야기
"자나 깨나 김치만 생각합니다"

1부

김치와 과학

오묘한 감칠맛,
잘 익은 김치의 비밀

"한국 사람들은 정말 날마다 김치를 먹나요?"

외국인들이 종종 그렇게 묻는다. "그렇다"고 하면 다들 무척 놀란다. 밥이나 빵 같은 주식이 아닌 어떤 음식을 날마다 먹는 나라는 거의 없기 때문이다.

실제로 대다수 한국인들이 거의 매일 김치를 먹는다. 그렇게 먹어도 질리지 않는다. 김치는 밥이나 면, 고기나 생선, 나물 등 웬만한 음식과 잘 어울려서다. 도통 어울리지 않을 것 같은 낯선 음식들과도 의외로 조화를 이루는 경우가 많다.

먹어도 먹어도 또 먹고 싶은 김치의 비결은 바로 입맛을 당기는 김치 특유의 맛에 있다. 매콤함과 새콤함이 절묘하게 어우러진 오묘한 감칠맛이 그것인데, 김치의 이 독특한 맛은 '발효' 덕분에 완성된다.

김치와 과학의 만남, 발효

온갖 재료와 양념을 버무려 김치를 담그고 나면 서서히 맛이 드는 과정에 들어간다. 김치가 익기까지는 시간이 필요하고, 그렇게 어느 정도 시간이 지나면 김치는 특유의 맛을 내게 된다. 그 과정이 발효다.

　과학적으로 이야기하자면, 발효란 미생물이 유기물을 분해해 에너지를 얻는 과정이다. 이때 만들어 내는 물질이 사람에게 이로우면 발효, 곧 '익는다'고 하고, 해롭거나 쓸모없으면 부패, 곧 '썩는다'고 한다. 어떤 이들은 생명력이 가득한 곳에서는 발효가, 생명력이 사그라지는 곳에서는 부패가 일어난다고 설명하기도 한다.

　부패의 과정에서 어떻게 음식 맛을 풍부하게 하는 발효의 순간을 포착해 냈는지는 정확히 알 수 없지만, 식품을 오래 보존하기 위해 조상들이 자연스럽게 터득한 지혜라는 것만은 분명하다. 각 지역마다 고유의 기술로 대대로 전해져 오고 있으니 말이다.

　우리가 먹는 발효 식품이 김치만 있는 것은 아니다. 간장, 된장, 고추장 등은 김치와 마찬가지로 미생물에 의해 발효되는 한국의 대표적인 발효 식

─────── **김치와 함께 우리나라의 대표적인 발효 식품**

간장
메주에 소금물을 부어서 발효·숙성시킨 뒤 액체만 따라서 만든 장.

된장
소금물을 부어서 발효시킨 메주를 건져 낸, 된죽 형태의 장.

고추장
메줏가루와 고춧가루를 섞어 걸쭉하게 만든 장.

청국장
콩을 삶아 따뜻한 곳에서 2~3일 발효시켜서 점액질의 실이 생기도록 띄워 만든 전통 장.

품이다. 우리 고유의 음식은 아니지만 요구르트나 치즈 등도 이에 속한다. 또한 술은 알코올 발효로, 식초는 초산균 발효로 만들어진다.

김치 고유의 맛을 살리는 유산균 발효

김치를 담글 때 가장 먼저 하는 일은 배추나 무 같은 재료들을 소금에 절이는 것이다. 소금은 삼투 현상으로 채소 속 수분을 빼낸 뒤 염분을 채워 넣으면서 각종 잡균을 없앤다. 하지만 염분에 강한 유산균은 살아남는다. 이때 중요한 것은 소금의 농도다. 농도가 너무 낮으면 잡균들이 제거되지 않고, 너무 높으면 유산균도 사라져 발효가 일어나지 않는다.

유산균의 본격적인 활약은 소금에 절여 양념한 배추를 용기에 담고 뚜껑을 덮어 공기를 차단하는 순간부터 시작된다. 유산균은 김치 재료의 당

─────── **염분의 농도로 본 삼투 현상과 삼투압의 과학적 원리**

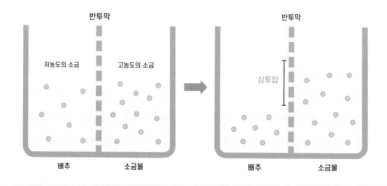

물질은 농도가 높은 곳에서 낮은 곳으로 이동해 농도 차이를 줄이려는 성질이 있다. 이러한 현상을 '확산'이라고 하는데 반투막을 통해 물이 확산되는 것을 삼투, 그때 작용하는 힘을 삼투압이라고 한다. 배추가 소금에 절여지는 원리가 '삼투 현상'이다. 소금물에 담긴 배추의 속은 소금물보다 농도가 낮다. 농도 차이를 줄이려는 성질로 인해 배추의 수분이 반투막(배추의 세포막)을 통해 소금물 쪽으로 빠져나와 배추의 염분 농도가 높아진다.

분을 분해하면서 젖산과 이산화탄소 등을 만들어 낸다. 젖산과 이산화탄소 덕분에 잘 익은 김치에서 새콤한 맛과 톡 쏘는 탄산미가 나면서 발효는 정점에 달한다.

몇 해 전 한 김치냉장고 광고에서 김치 익는 소리를 들려준 적이 있었다. 유산균이 활발하게 활동하면서 생성된 이산화탄소 공기 방울이 김치 국물 속에서 '톡톡' 터지는데, 김치통 안에 마이크를 설치하여 그 소리를 녹음해 사용한 것이다.

김치 숙성에 따른 유산균 발효 단계

김치를 익게 하는 유산균 발효는 언제부터 일어나는 걸까? 김치의 발효 과정은 크게 네 단계를 거친다.

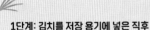

1단계: 김치를 저장 용기에 넣은 직후
발효를 준비하는 단계로 유산균 발효가 시작된다. 김치 고유의 맛이 아직은 나지 않는다.

2단계: 유산균이 번식하는 시기
유산균의 활동으로 젖산이 만들어지고, 이로 인해 다른 잡균들이 사라지면서 김치는 새콤한 맛이 난다.

3단계: 유산균이 왕성하게 활동하는 시기
유산균이 번식하면서 젖산이 많이 만들어지면 다른 미생물들의 번식은 오히려 억제된다. 이와 함께 발효 속도는 점점 느려진다.

4단계: 유산균의 수가 줄어드는 시기
유산균이 적어 다른 미생물의 번식과 활동이 활발해진다. 김치는 신맛이 강해지면서 영양가도 떨어진다. 심하면 군내가 나고 하얀 곰마지가 생기기도 한다.

15

과학자들의 노력으로 이러한 발효 원리가 밝혀졌다. 하지만 우리 조상들은 발효과학의 비밀이 밝혀지기 전 김치를 어떻게 담가야 맛이 좋은지, 어떻게 저장해야 오래 두고 먹을 수 있는지를 경험으로 터득했다니 그 지혜에 감탄할 수밖에 없다.

김치가 가장
맛있어지는 순간

많은 이들이 가장 맛있는 김치로 김장김치를 꼽는다. 김장은 보통 겨울을 앞두고 11월에 하는데, 이때 나오는 배추가 1년 중 가장 달고 맛있다. 물론 요즘에는 사시사철 배추를 수확해 언제든 김치를 담가 먹을 수 있지만, 11월에 수확하는 배추는 다른 때의 배추보다 당도가 높으며 속이 꽉 차 단단하고 잎도 풍성하며 맛도 좋다. 배추는 서늘한 기후에서 잘 자라는 채소라서 그렇다.

　김장할 때쯤에는 햇고추를 말려 빻은 고춧가루가 준비되어 있기 마련이고, 마늘이나 생강 등의 양념 채소들도 수확한 지 오래되지 않아 더없이 향긋하고 싱싱하다. 그야말로 김치에 들어가는 모든 재료들의 맛과 향이 최고조에 이르렀을 때가 바로 김장철인 것이다.

김치유산균과 맛

김장김치도 가장 맛있는 때가 있다. 보통 김치를 담그고 저온(4~5℃)에서 3주 정도 지났을 때다. 앞서 살펴본 김치의 발효 과정에서는 세 번째 단계로, 김치 1g에 유산균이 1억 마리 이상 증식하여 활발히 활동하고 있는 상태다.

이때 산도는 pH 4.2 이상, 젖산 농도는 0.6~0.8% 정도 되는데 이 시기 김치는 적당히 새콤달콤하고, 식감도 아삭아삭하며, 뒷맛은 청량하다.

그렇다면 김치의 영양이 가장 풍부한 때는 언제일까? '오래 묵은 장은 약으로도 쓴다'는 옛말처럼 푹 익어 곰삭은 김치일수록 더 영양가가 높을까, 아니면 갓 담가 채소가 싱싱할 때 영양이 더 풍부할까?

어렵게 생각할 필요 없다. 김치가 맛있게 익은 때가 영양 성분이 가장 풍부하다. 김치 속 유산균의 수가 가장 많아지는 시기여서다. 실제로 연구 결과에 따르면, 김치를 담근 지 3주 정도 지나면 유산균뿐 아니라 비타민 B1과 B2, 그리고 비타민C 함량 역시 처음보다 많아진다.

이 단계를 지나면 김치 속 유산균의 종류가 달라진다. 초기에 활동하던 류코노스톡*Leuconostoc* 유산균이 줄어드는 대신 산성에 강한 락토바실러스*Lactobacillus* 유산균의 양이 늘어난다. 이때는 젖산이 많아져 김치가 점점 시어진다. 젖산이 너무 많으면 다른 세균뿐 아니라 유산균까지 해치게 되고, 유익한 유산균이 점점 줄어들면 다시금 잡균이 자리를 잡는다. 그렇게 김치는 잘 익었다가 시어지고, 마지막에는 골마지가 생기게 된다.

골마지는 효모가 산소와 반응하여 생기는 흰 막으로, 종종 곰팡이로 오해받기도 하지만 독성 물질은 없는 것으로 알려져 있다.

✓ 김치에 들어 있는 김치유산균

- 김치의 주요 유산균은 류코노스톡Leuconostoc 속, 웨이셀라Weissella 속, 락토바실러스 Lactobacillus 속이 우점종을 이루고 있다.

- 김치의 발효는 동형 젖산 발효homo lactic fermentation와 이형 젖산 발효hetero lactic fermentation로 나뉜다. 동형 젖산 발효는 발효산물로서 젖산lactic acid만 만들지만, 이형 젖산 발효는 젖산 등의 유기산 이외에 이산화탄소, 에탄올 등도 만든다.

- 김치의 시원하고 깔끔한 맛은 김치유산균 중 이형 발효 유산균인 류코노스톡 속과 웨이셀라 속이 김치가 숙성할 때 증가하면서 난다. 류코노스톡 속과 웨이셀라 속 유산균은 김치를 담글 때부터 생육을 시작하여 젖산을 비롯한 유기산과 이산화탄소, 만니톨 등의 대사산물을 생성한다. 젖산은 김치에 적당한 신맛을, 만니톨은 단맛을 부여하며, 이산화탄소는 탄산미를 부여하고 김치에 산소를 차단함으로써 세균 증식을 억제해 김치가 정상적으로 발효되도록 해준다.

- 발효가 어느 정도 진행된 뒤에는 류코노스톡 속의 유산균이 서서히 감소하는 동시에 동형 발효 유산균인 락토바실러스 속의 증식이 왕성해진다. 다시 말해, 상대적으로 산에 약한 류코노스톡 속은 감소하면서 락토바실러스 속이 증가해 김치가 점점 시어지게 된다.

장 건강을 지키는
김치유산균

세계적으로 유명한 건강 잡지 〈헬스〉는 세계 5대 건강식품 중 하나로 '김치'를 꼽았다. 김치의 주재료인 채소의 식이섬유와 각종 비타민도 건강에 이롭지만, 김치를 특별한 건강식으로 인정받게 한 데는 유산균의 역할이 크다. 유산균은 김치가 발효되면서 만들어지는 젖산, 대사산물과 함께 우리 몸의 원활한 대사 작용에 아주 많은 기여를 한다. 그러니 김치가 세계적인 건강식품으로 각광받게 된 것은 우연이 아니다.

장을 깨끗하게 하는 김치유산균

채소를 잘 먹지 않는 아이들 가운데 간혹 생채소나 나물은 질색해도 김치는 잘 먹는 아이들이 있다. 쌉쌀한 맛도 없고 아삭아삭 씹히는 식감도 뛰어나서다. 부모들도 아이들에게 김치를 먹이려고 노력을 아끼지 않는다. 이유식을 지나 유아식에 접어들면 물김치나 백김치, 맵지 않게 담근 유아용 김치를 끼니때마다 빼놓지 않는다. 이렇게 일상적으로 김치를 접하면 아이들은 점차 고춧가루가 들어간 김치에도 익숙해진다.

　김치를 잘 먹는 아이들은, 채소를 싫어하는 아이들이 대부분 변비로

✓ 〈헬스〉지가 선정한 세계 5대 건강식품(2006년)

대한민국의 김치

스페인의 올리브오일

그리스의 요구르트

일본의 낫토

인도의 렌틸콩

고생하는 것과 달리 변도 잘 본다. 잘 알려져 있듯이 장 건강은 생명 활동의 기반이 되는 소화·흡수와 면역력에 깊이 관여하는데, 김치를 먹으면 장 운동이 활발해져 장이 깨끗해진다. 김치에 들어 있는 비타민, 무기질, 식이섬유와 더불어 김치유산균의 덕분이다.

사실 우리의 장 속에는 원래 유산균들이 살고 있다. 장에 사는 유산균들은 병원성 세균이 소화관에 들러붙지 못하도록 항생 물질을 생성해 미생물이나 장내 유해균의 증식을 억제한다. 유산균이 만드는 젖산이 pH를 떨어뜨려 유해균이 자라지 못하게 하는 것이다. 장내 정착 유산균이 부족해지면 그만큼 젖산도 줄어들어 유해균이 활동하기 좋은 환경이 된다. 한 마디로 유산균이 풍부해야 장 속에 유해균이 자리 잡지 못해 장이 건강해진다.

장은 '제2의 뇌'라고 불릴 만큼 우리 몸에서 아주 중요한 기관이다. 정신을 안정시키는 세로토닌의 약 90%가 장에서 만들어지고, 장 신경계는 뇌 중추와 연결되어 인지와 사고 및 행동에 영향을 미친다. 또한 장내 미생물 환경에 따라 장 관련 질환뿐만 아니라 비만, 당뇨, 아토피, 알레르기, 파킨슨병, 암 등 다양한 질환이 생긴다.

특히 장내 미생물 환경은 면역계의 흐름과 작동에 중대한 영향을 미친다. 우리 몸의 면역계 및 대사계는 장내 유익균과 유해균의 균형에 의해 유지된다. 이러한 균형 조절이 면역력, 곧 자연치유력이다. 자연치유력을 높이려면 유익균을 증가시키고 유해균을 억제해 적정 균형을 맞춰야 하는데, 장내 세균의 균형은 우리가 섭취하는 음식을 통해 조절이 가능하다.

스트레스로 소화 불량이나 변비에 시달리는 현대인들에게 김치가 꼭 필요한 음식으로 손꼽히는 이유가 바로 여기에 있다.

아토피 피부염 잡는 김치유산균

김치유산균은 장의 질병뿐 아니라 아토피 피부염 증상도 완화한다. 심한 가려움증을 동반하는 아토피는 쉽게 완치되지 않는다. 설사 일시적으로 좋아졌어도 시간이 지나면 다시 나빠지기를 반복해 다루기 어려운 질병 중 하나다. 더욱이 정확한 원인이 밝혀지지 않고 면역력과 관련이 있는 것으로만 알려져 있을 뿐이다.

아토피를 잡는 것이 바로 김치유산균이다. 실제로 갓김치와 배추김치에서 유래한 김치유산균이 아토피 치료에 효과가 있다고 나타났다. 여

수 돌산 갓김치에서 추출한 김치유산균 '웨이셀라 시바리아*Weissella cibaria* WiKim28'을 섭취한 결과 아토피 증상이 40% 완화되고 아토피 유발을 측정할 수 있는 지표 물질 '혈중 IgE 지수'도 절반이나 낮아졌다는 것이다. 또한 배추김치에서 유래한 '락토바실러스 사케아이*Lactobacillus sakei* WiKim30' 도 아토피 증상을 개선한다. 세계김치연구소 연구팀은 아토피를 유발시킨 생쥐에게 45일 동안 락토바실러스 사케아이 WiKim30을 먹였다. 이 결과 생쥐의 아토피 증상이 약 35% 완화됐다. 혈중 IgE의 생성도 45%가량 줄었다. 연구팀은 장내 미생물 분석을 통해 아토피와 장내 미생물 간의 상관관계와, 김치유산균이 장내 미생물의 군집 변화를 조절하여 아토피를 개선한다는 사실을 밝혀냈다.

또한 김치유산균 '락토바실러스 플란타룸*Lactobacillus plantarum*'은 피부 가려움을 개선하는 데 도움을 주는 건강기능식품으로 개발되어 판매되고 있다.

김치 면역력과
코로나19

몇 해 동안 전 세계를 휩쓸던 신종코로나바이러스COVID-19(이하 '코로나19')는
그 정점을 지난 듯하지만 아직 사라지지 않고 남아 있다. 그리고 우리는 코
로나19와 같은 무시무시한 위력을 가진 감염병이 언제 또다시 나타날지도
모른다는 두려움을 안고 살게 되었다. 그러나 우리나라에서는 엄청난 확진
자 수에 비해 사망자와 중증환자 수가 적은 편이었다.(2022년 8월 4일 기준,
누적 치명률 0.12%)

생각해 보면 코로나19 이전에는 사스SARS(중증급성호흡기증후군)가 있었
다. 2002년 발생해 2003년 전 세계적으로 유행한 사스는 8천여 명을 감염
시키고 774명을 죽음으로 몰아넣었다. 그런데 이때 유독 한국만 사망자 하
나 없이 사스 사태에서 무사했다는 사실은, 코로나19의 비교적 낮은 치명
률과 함께 주목할 만하다.

이와 관련하여 '한국 사람들은 김치를 즐겨 먹어서 감염병에 걸리더라
도 증상이 가볍고 사망자 수가 적다'는 이야기들이 속속 나오는데, 정말 그
럴까? 우리는 정말로 김치를 먹어서 생긴 면역력 덕분에 감염병에 잘 안 걸
리고 걸리더라도 잘 낫는 걸까?

────── 사스 감염자와 사망자 수

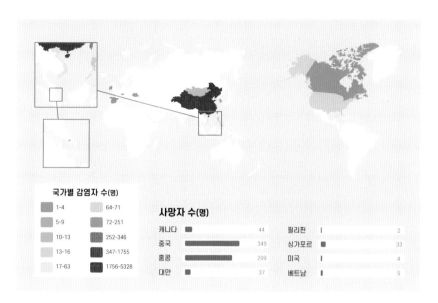

국가별 감염자 수(명)
1-4 64-71
5-9 72-251
10-13 252-346
13-16 347-1755
17-63 1756-5328

사망자 수(명)

캐나다	44	필리핀	2
중국	349	싱가포르	33
홍콩	299	미국	4
대만	37	베트남	5

면역력 키우는 김치유산균

면역력은 바이러스나 세균 등이 우리 몸을 공격할 때 이를 막아 내는 힘을 말한다. 최근 코로나19 사태로 인해 일상생활에서 면역력에 대한 관심이 높아지면서, 많은 이들이 전통 발효 식품인 김치에 주목하고 있다. 김치가 면역력을 증진시킨다고 알려진 까닭이다.

김치유산균이 면역력을 높인다는 사실은 동물 실험을 통해서 증명된 바 있다. 먼저 생쥐들에게 면역억제제 시클로포스파미드cyclophosphamide를 주입해 면역력을 떨어뜨린 다음, 실험군을 나눠 한쪽 생쥐들에게만 김치유산균 '웨이셀라 시바리아 JW15'를 먹였다. 그런 뒤 김치유산균을 먹은 실험군과 먹지 않은 실험군을 비교해 보았더니, 김치유산균을 먹은 쥐들은 백

25

혈구 수가 더 빨리 늘어났고 면역력을 담당하는 비장의 무게도 증가했다. 김치유산균을 먹은 쥐들이 먹지 않은 쥐들에 비해 면역력이 훨씬 높아진 것이다.

또한 김치유산균은 독감을 일으키는 인플루엔자바이러스를 억제하는 데 효과가 있다. 인플루엔자바이러스는 코로나19와 같이 변형을 많이 일으키는 RNA 유전자 기반의 병원균이다. 한국식품연구원에서 김치추출물을 인플루엔자바이러스에 투여한 결과, 바이러스 형성이 현저하게 억제됐다. 김치유산균이 항인플루엔자바이러스 효능을 갖고 있는 것이다.

김치의 항산화 영양 성분

한국에서 코로나19로 인한 사망률이 낮고 중증환자가 비교적 적은 건 '김치 덕분일 수 있다'는 추측은 최근 프랑스 몽펠리에대학 폐의학과 장부스케 교수와 세계김치연구소의 공동 연구 결과를 통해 사실로 밝혀졌다. 김치의 주재료인 배추, 고추, 마늘 등과 김치유산균에 함유된 각종 영양 성분이 인체 내 항산화 시스템과 상호작용하여 유해한 활성산소를 제거하기 때문이다.

활성산소란 유해산소라고도 불리는데, 호흡을 통해 유입된 산소가 몸의 대사 과정에서 불안정한 상태로 변한 유해물질이다. 보통 호흡하여 들이마신 산소의 약 95%는 에너지를 만드는 데 사용되고, 남은 5% 정도가 활성산소로 변한다. 활성산소가 적당량일 때는 우리 몸에 들어온 세균과 바이러스를 공격해 '소독약' 역할을 하지만, 너무 많아지면 정상 세포까지 공격해 우리 몸의 면역 반응을 교란시킨다. 따라서 활성산소가 많아지면

─────── 만병의 근원이자 노화의 주범, 활성산소

과잉 활성산소

DNA 공격

정상 세포 공격

각종 질병에 걸리기 쉬울 뿐만 아니라 노화도 빨리 진행된다.

활성산소는 코로나19 감염과도 관련이 있다. 고령자나 기저질환자의 경우, 활성산소 수치가 높으면 면역력이 떨어져 코로나19에 감염되기 쉽고 병의 증상도 악화될 수 있다. 그러니 코로나19에 감염되는 확률을 낮추려면 활성산소가 적정선 이상으로 늘어나지 않도록 하는 것이 중요한데, 항산화 물질이 그 역할을 한다.

김치의 재료가 되는 채소들에 바로 이 항산화 성분이 풍부하다. 예를 들어 배추와 같은 십자화과 채소에는 설포라판sulforaphane(항암·항균)이, 마늘에는 알리신allicin(살균·항암·혈액순환·소화 촉진)이, 고추에는 캡사이신capsaicin(살균·항염·지방 분해)이, 생강에는 진저롤gingerol(항암·소염·항산화)이 가득하다. 이외에도 폴리페놀polyphenol, 플라보노이드flavonoid, 클로로필chlorophyll, 비타민C 등의 항산화제 역할을 하는 성분들도 상당량 들어 있다. 물론 김치의 발효 과정에서 생기는 김치유산균 역시 항산화 작용을 활발하게 한다는 것은 두말하면 잔소리다.

활성산소의 생성을 막는 항산화 작용

활성산소
전자를 빼앗겨
불안정하다.

항산화 물질
전자가 풍부하다.

안정된 산소
항산화 물질로부터
전자를 얻어 안정된
상태다.

그뿐 아니라 김치유산균은 피부 개선과 노화 방지에도 효과적인 것으로 밝혀져 김치유산균이 함유된 화장품이 개발되기도 했다. 김치유산균은 또 '오르니틴ornithine'이라는 물질을 생성하는데, 오르니틴은 피로 회복, 비만 예방, 숙취 해소에 도움을 주고 암모니아 같은 독성이 강한 질소 노폐물을 제거하는 데도 뛰어나다.

염증을 완화하는 김치

우리나라뿐 아니라 코로나19 사망률이 비교적 낮은 국가의 식문화를 살펴보면 사람들이 흔히 먹는 일상식에 발효 식품이 포함되어 있음을 발견할 수 있다. 대표적으로 카사바 담금주를 즐겨 마시는 사하라 인근 아프리카에서도 사망률이 낮게 나타났고, 양배추를 발효해 만든 사워크라우트sauerkraut를 즐겨 먹는 독일도 사망률이 낮은 편이다.

발효 식품은 코로나19의 증상 완화에도 도움이 된다. 우리의 발효 식품인 김치도 마찬가지다. 김치의 영양 성분이 인체 내 염증 반응을 유도하

코로나19 감염을 예방해주는 발효 식품

사워크라우트
양배추를 소금에 절여 발효시킨 독일의 음식이다.
우리의 백김치와 비슷해 '독일식 김치'라고
부르기도 한다.

카사바 담금주
카사바는 남미가 원산지인 덩이뿌리 식물이다.
사하라 이남 아프리카인들이 발효시켜
즐겨 마신다.

는 '수용체 단백질 TRPTransient Receptor Potential'의 활성을 저하시켜 기침, 오한, 근육통, 인후통, 폐의 손상 등 염증으로 인한 코로나19의 증상을 줄여준다. 또한 TRP는 세포막에서 통증과 열을 감지하기 때문에 활성도가 떨어지면 통증도 줄어들 가능성이 높다.

김치의 항산화 성분은 인슐린 저항성, 혈관 내피 손상, 폐 손상, 사이토카인cytokine 폭풍 등도 억제하는 것으로도 알려져 있다. 사이토카인 폭풍이란, 면역계가 바이러스에 대응하는 과정에서 면역 세포가 사이토카인 단백질을 과도하게 분비하면서 정상 세포까지 공격하는 과잉 염증 반응을 말한다. 사이토카인 폭풍이 발생하면 고열과 오한, 구토 등의 증상이 나타나며, 많은 의사들이 코로나19의 진행 속도가 빠르고 치료가 힘든 이유로 사이토카인 폭풍을 꼽는다. 사이토카인 폭풍을 감소시키는 데는 김치뿐만 아니라 강황도 효과적이라고 한다.

코로나19의 완전한 퇴치는 어려울 것이라는 전망이 나오고 있다. 세계

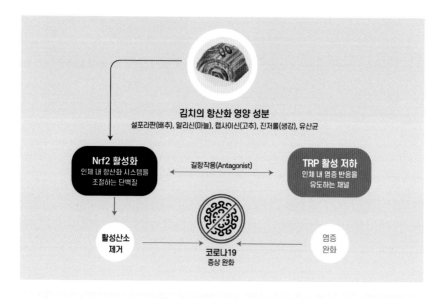

김치가 지닌 항산화 성분이 인체 내 활성산소를 제거하고 염증을 낮춰 코로나19에 감염되더라도 증상을 완화해준다.

곳곳에서 단계적인 일상 회복을 위해 '위드코로나With Corona'를 이야기하는 건 그 때문일 것이다. 코로나19 시대의 위기가 어떤 방식으로 언제까지 이어질지는 알 수 없으나, 우리는 앞으로도 우리가 할 수 있는 방법으로 우리 자신을 지켜야 할 것이다. 다행히 우리에게는 김치와 같이 약이 되는 음식들이 있으니, 바이러스의 침입을 막고 질병을 스스로 치유하는 몸속 면역력을 키우는 것은 불가능한 일이 아니다. 어쩌면 그것은 계속 닥쳐올 바이러스를 대비하는 가장 중요한 무기가 될지 모른다.

암과 대사성 질환을
예방하는 김치

김치가 가진 놀라운 힘 중 하나는 암과 대사성 질환을 예방해준다는 것이다. 암은 악성 세포가 자신의 사멸 주기를 무시하고 비정상적으로 증식하여 인체의 기능을 망가뜨리는 병이다. 한국인의 사망 원인 1위가 바로 암이다. 흔히 성인병이라 불리는 대사성 질환들도 위험하기는 마찬가지다. 성인병은 과도한 지방에 의해 혈액이 탁해지면서 혈액순환이 원활하게 이루어지지 못해 생기는 생활습관병으로 비만, 동맥경화, 고혈압, 당뇨, 심근경색 등이 대표적이다.

  현대인은 암과 대사성 질환의 위협 속에서 살아가고 있다고 해도 과언이 아니다. 주요 원인으로는 과도한 스트레스와 잘못된 식생활 습관이 지목되고 있다.

김치가 암을 막을 수 있을까?

앞에서 강조했듯 김치는 장을 건강하게 하는 음식이다. 이는 김치의 발효 과정에서 생기는 풍부한 유산균 덕분이다. 그렇다면 장에서 생기는 암도 막아 낼 수 있을까?

최근 일반 성인들과 과민성대장증후군 환자들에게 4주 동안 매일 210g씩 김치를 먹게 한 후 생기는 변화를 연구한 실험이 있었다. 실험 결과 대변의 산도가 감소하고 대장암을 일으키는 효소인 베타-글루코시다아제 β-glucosidase와 베타-글루쿠로니다아제 β-glucuronidase가 줄었음을 알 수 있었다. 과민성대장증후군 환자들의 증상도 현저히 나아졌다.

또한 김치유산균이 대장에서 만들어 내는 발효산물은 면역 작용을 돕고, 혈관을 확장하며, 대장의 연동운동(연속적으로 수축하여 일어나는 운동)을 촉진할 뿐만 아니라 상처도 치료하는 것으로 알려졌다. 그러니까 김치를 먹으면 대장이 건강해지고 대장암도 예방할 수 있다는 얘기다.

김치유산균은 장만이 아니라 다른 기관에서 발생하는 암을 예방하는 데도 효과적이다. 항돌연변이 기능을 하는 성분이 정상 세포에는 영향을 끼치지 않고 암세포에 선택적으로 독성을 나타낸다. 다시 말해서 암세포가 독성을 이기지 못하고 자멸하도록 유도하여 암을 예방한다.

실제로 김치의 항암 효과를 높인 '항암김치'를 연구하는 사람들이 있다. 이들은 유기농 배추, 겨우살이 추출물, 죽염 등을 사용하고, 적합한 용기와 적정 발효 온도를 찾아가며 김치의 영양과 효능을 높이려 애쓰고 있다.

비만과 성인병을 예방하는 김치

비만은 당뇨, 고혈압, 고지혈증, 동맥경화와 같은 대사성 질환의 주요 원인이 된다. 그런데 김치는 저칼로리 채소 식품으로 식이섬유의 함유량이 많아 비만 예방에 적격이다.

흔히 고춧가루의 캡사이신이 에너지 소모를 늘려 체중을 조절한다고 알려졌지만, 사실상 김치가 고춧가루 자체보다 더 큰 효과를 낸다. 마늘, 무, 생강, 고춧가루, 발효산물 들이 골고루 어우러져 복합적인 상승효과를 내기 때문이다. 특히 생김치보다는 잘 익은 김치가 체지방이나 콜레스테롤 감소에 더 효과적이라고 밝혀졌다.

세계김치연구소는 연구를 통해, 김치유산균이 장내 미생물 군집 구조를 변화시켜 비만을 억제하는 것을 확인했다. 12주 동안 고지방 식이를 하여 비만을 유도한 동물에게 배추김치에서 분리해 낸 김치유산균(락토바실러스 플란타룸)을 섭취하게 했더니 체중 및 체지방 증가가 현저히 줄어들고, 혈액 및 간의 중성지방 수치가 떨어졌다. 또한 간에서 지방을 분해하는 베타-산화β-oxidation의 유전자 발현이 증가하고 지방을 합성하는 리포제네시스lipogenesis 유전자 발현이 감소했다. 지방세포에서 분비되는 렙틴leptin 호르몬의 분비가 줄고, 장내 미생물 환경이 개선되며, 조절 T세포의 면역 반응이 증가하고, 염증 반응도 줄어들었다.

김치를 먹으면 내장지방과 혈중 중성지방TG, 저밀도지단백LDL 콜레스테롤은 감소하고, 축적된 지방을 운반하여 제거하는 지방으로 알려진 고밀도지단백HDL 콜레스테롤은 증가한다. 나쁜 콜레스테롤이 줄고 좋은 콜레스

✓ HDL 콜레스테롤과 LDL 콜레스테롤

HDL 콜레스테롤을 흔히 '좋은 콜레스테롤'이라고 부르는데, 이는 혈관 벽에 쌓여 플라크plaque를 생성하는 콜레스테롤을 간이나 몸 밖으로 운반하여 혈액을 깨끗하게 청소해주기 때문이다.
LDL 콜레스테롤은 간에서 혈액으로 콜레스테롤을 옮겨 오는 지단백, 일명 '나쁜 콜레스테롤'이다. 콜레스테롤이 혈관 벽에 쌓여 혈관을 굳게 만드는 주범이기 때문이다.

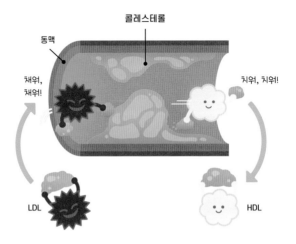

테롤이 많아지기 때문에, 동맥 혈관에 지방이 축적되어 혈관 벽이 좁아지는 동맥경화를 예방할 수 있다. 또한 같은 이유로 고혈압과 혈관 질환, 심장 질환을 예방하고 치료하는 데 도움을 준다.

현대인처럼 고열량·고지방 음식이 범람하는 환경에 살면서 의식적으로 식습관을 조절하기란 쉽지 않다. 하지만 언제나 그렇듯 지나침은 모자람보다 못할 때가 많다. 다행히도 자연의 생명력을 가득 품어 강력한 치유력을 지닌 김치가 우리 몸에 좋은 것은 더하고 나쁜 것은 빼준다. 김치 속 유산균의 놀라운 능력이다. '좋은 음식은 약과 같은 효능을 낸다'는 약식동원藥食同原의 정신을 직접 빛내는 음식이 김치가 아닐까? 그저 맛있게 먹기만 해도 건강해진다니, 참으로 고마운 일이 아닐 수 없다.

김치의 염분은
건강에 나쁠까?

김치가 건강에 좋은 음식이라는 데 동의하면서도 많은 이들이 우려하는 점이 있다. 바로 '짜다'는 것이다. 김치와 간장, 된장, 고추장처럼 짠 음식을 즐겨 먹는 식습관 때문에 한국인들이 암에 잘 걸린다는 속설이 사실처럼 떠돈 적도 있었다. 실제로 건강을 위해 김치를 조금씩만 먹는다거나 하루 한 끼만 김치를 먹겠다는 사람들도 생겼다.

짠맛을 내는 소금은 김치를 담그는 데 꼭 필요한 재료다. 그런데 김치에 들어간 소금은 괜찮은 걸까? 건강을 위해서 정말 김치를 덜 먹어야 할까?

소금이 김치와 만나면

배추김치를 담그려면 먼저 배추를 소금에 절여야 한다. 이때 소금을 적게 넣으면 김치가 금세 시어지고, 많이 넣으면 배추에서 쓴맛이 난다. 소금의 양과 절이는 시간, 온도 등은 지역마다 계절마다 또 집집마다 다르지만, 적정한 양의 소금을 넣고 적당하게 절였을 때 비로소 맛있는 김치가 완성된다. 따라서 김치와 소금은 떼려야 뗄 수 없는 관계다.

냉장고가 없던 시절에는 김치가 금방 시어지지 않고 신선함이 오래 보존될 수 있도록 소금을 좀 더 넣어야 했다. 먹을거리도 요즘만큼 다양하지 않아 담박한 나물과 생채소 반찬이 전부였으니 김치의 짠맛이 조화로운 밥상을 이루는 데 한몫했을 것이다. 더욱이 당시는 몸을 움직여 땀 흘려 일하는 사람들이 많았던 터라 몸에 필요한 염분을 보충하는 데 김치가 도움을 주기도 했다.

그렇지만 요즘 김치는 예전에 비해 소금을 덜 넣는다. 김치에 들어가는 젓갈도 예전보다 덜 짜다. 일반 냉장고나 김치냉장고 덕분에 굳이 짜게 담그지 않아도 오래 저장할 수 있어서다. 김치의 염도는, 과거 3.5%에서 요즘에는 2% 내외로 절반 가까이 낮아졌다. 또한 먹을거리의 종류가 다양해져 한 사람이 먹는 김치의 양도 상당히 줄었다.

나트륨을 배출하는 채소 속 칼륨

김치가 짜서 건강에 안 좋다는 속설은 사실이 아니다. 김치의 주재료는 칼륨이 풍부한 채소들인데, 김치 속 칼륨은 나트륨과 상호작용을 통해 정상적인 혈압을 유지하고 세포로 영양분을 전달한다. 또한 몸속에 과도하게 쌓인 나트륨이 몸 밖으로 빠져나가도록 배출을 돕는다.

이렇게 칼륨과 나트륨의 상호작용 때문에 단순한 나트륨의 섭취량보다는 나트륨과 칼륨의 비율이 중요한데, 세계보건기구WHO에서는 건강한 성인이 하루에 섭취할 나트륨과 칼륨의 비율을 1:1로 권장하고 있다. 농촌진흥청의 〈국가표준 식품성분표〉에 따르면 배추김치 100g당 나트륨은 593mg, 칼륨은 355mg으로 칼륨 대비 나트륨의 비율이 1.7에 불과하다.

반면 대표적인 소금 절임 식품 중 하나인 단무지는 나트륨과 칼륨이 각각 637mg과 42mg이라서 나트륨 비율이 15가 넘는다. 우리가 반찬으로 즐겨 먹는 어묵(8.3), 햄(3.6)과 비교해도 김치의 칼륨 대비 나트륨 비율은 매우 낮은 수준이다.

소금을 적게 넣고 담그는 저염김치

실제로 나트륨을 제한적으로 섭취해야 하는 사람들이 있다. 체중 관리나 식단 조절이 필요한 고혈압과 당뇨 환자들이다. 이들은 확실히 저염김치를 먹는 것이 도움이 된다. 보통 김치에 들어 있는 소금은 전체의 2~3% 정도인데, 저염김치는 1~1.5% 정도다.

저염김치를 담그려면 배추를 절이는 단계부터 소금의 양을 조절하고 젓갈의 양도 줄여야 한다. 배추를 절일 소금물은 물 1L에 소금 80~100g을 넣고 만든다. 절임수에 적당히 절인 배추는 세척한 후 깨끗한 물에 다시 담가 놓거나 세척 과정을 한 번 더 거쳐 염분을 덜어 낸다. 그리고 싱거워진 맛에 다시마 육수나 과일즙, 양파즙 등으로 감칠맛을 더해주면 좋다.

하지만 저염김치는 염분이 적어 김치가 금방 시어질 수 있다. 이를 대비하여 김치종균을 이용하면 좀 더 오래 두고 먹을 수 있고, 아예 김치를 조금씩 담가 먹는 것도 방법이다. 꼭 그게 아니라도 요즘의 김치냉장고에는 저염김치의 숙성 및 저장 기능이 따로 있으니, 그리 걱정할 문제는 아닐 것이다.

김치 맛을 지켜라!
김장독에 담긴 과학

냉장고가 없던 시절 김장을 하고 나면 김장독이 김치 맛을 지키는 수문장 역할을 했다. 당시에는 김치가 익기도 전에 얼거나 혹은 너무 빨리 시어져서 땅을 파고 김장독을 묻었다. 지금은 거의 볼 수 없는 풍경이지만, 그 시절에는 집집마다 마당에 여러 개의 김장독이 묻혀 있었고, 식사 때마다 김장독 뚜껑을 열어 김치를 한 포기씩 꺼내 집 안으로 들여오곤 했다.

김치 맛을 책임지는 김장독

김치는 온도 변화에 따라 폭삭 익어 시어지거나 얼어서 물러지기 때문에 일정한 온도 유지가 매우 중요하다. 특히 먹을 것이 부족했던 과거에는 겨우내 김치를 신선하게 먹기 위해 -1~0℃의 땅속에 김장독을 묻어 저장했다. 땅속은 천천히 뜨거워지고 천천히 식는 흙의 성질 덕분에 늘 일정한 온도를 유지해 김치를 보관하는 데는 최적의 장소였다.

　　김치를 담는 김칫독에도 김치 맛의 숨은 비결이 있다. 김칫독으로 쓰이는 옹기는 수많은 모래 알갱이가 섞인 흙으로 만든 것이라 표면에 미세한 숨구멍이 생긴다. 김치는 이 숨구멍을 오가는 공기 덕에 적절한 온도가 유지되고, 동시에 미생물의 활동이 조절되어 발효가 원활히 이루어진다. 그뿐만 아니라 독을 가마 안에 넣고 구울 때 생기는 나무 연기가 방부성 물질을 입히면서 음식이 상하는 것을 막기도 한다. 또한 땅속의 김칫독은 김치의 수분을 유지하는 데도 도움을 준다.

　우리나라 김장독은 온도와 습도를 고려해 지역마다 모양이 달랐다. 날씨가 김치의 발효 속도에 크게 영향을 미치는 만큼, 일조량이 많은 지역과 적은 지역은 입지름부터 차이가 났다. 경기도와 충청도 지역의 김장독은 입지름이 넓고 키가 크며 날씬한 모양인 반면, 일조량이 많고 갖가지 양념 채소를 듬뿍 넣는 전라도 지역은 김장독의 입구가 좁으며 배가 불룩하고 크기가 큰 편이다. 국물 많은 김치를 좋아하는 북쪽의 추운 지역은 김장독의 입지름이 넓고 옆으로 많이 퍼져 키가 작다.

──────── 김장독의 원리

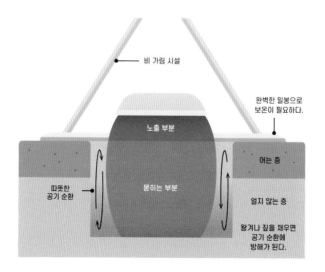

비 가림 시설

완벽한 밀봉으로
보온이 필요하다.

노출 부분

어는 층

따뜻한
공기 순환

묻히는 부분

얼지 않는 층

왕겨나 짚을 채우면
공기 순환에
방해가 된다.

키가 크고 날씬하며 입지름이
넓은 서울 경기도 김장독

입지름과 밑지름의 크기가 같은
충청도 김장독

입지름이 좁으며 배가 볼록하고
어깨가 넓은 경상도 김장독

입지름과 배지름이 큰
북쪽 지역의 김장독

입지름이 좁고 다른 지방에 비해
크기가 크며 배가 볼록한
전라도 김장독

김치가 살던 움집, 김치광

김장김치를 김장독에 잘 넣어 뚜껑을 덮고 나면 또 한 번 온도 유지를 위한
대비를 해야 했다. 영하로 떨어지는 겨울을 무사히 나기 위해서였다. 그래
서 짚으로 덮어 두거나 아예 김장독 위로 김치광을 짓기도 했다. 김치광은
김치움이라고도 하는데, 움집 혹은 움막 모양을 생각하면 된다.

　김치광을 만들려면 먼저 김장독 뚜껑이 땅에 닿지 않을 만큼의 깊이

남산한옥마을 장독대와 김치광

(보통 70cm 정도)로 구덩이를 파고 김장독을 넣는다. 김장독 주변은 5cm 정도의 빈 공간을 두어 공기가 순환하게 하고, 지표면은 종이나 비닐로 공기가 새지 않도록 막은 뒤 흙을 덮는다. 그 위로 세 개의 뼈대 서까래를 맞대어 세운 다음 작은 서까래를 댄 뒤 가마니나 볏짚 등을 올리고 고정시키면 김치광이 완성된다. 이때 김치광의 출입구는 바깥 공기가 바로 닿지 않도록 잘 여며야 한다. 볏짚이 귀한 산촌에서는 옥수숫대로 김치광을 세우기도 했다.

　김치광의 보호로 김장독은 눈과 비, 바람을 맞지 않을 수 있었고, 김치는 한겨울 추위에도 얼지 않았다. 덕분에 우리 조상들은 겨우내 잘 익은 김장김치를 먹으면서 부족한 영양분을 채울 수 있었다.

김치냉장고,
김치 사랑으로 만든 놀라운 기술

김장독 문화가 사라진 것은 산업화와 도시화가 진행되면서부터다. 마당이 시멘트로 덮이면서 항아리를 묻을 곳이 사라졌고, 더욱이 아파트나 빌라에서는 김치 항아리를 보관할 곳이 없었다.

집집마다 냉장고가 보급되었지만 김치통을 넣어 두기에는 공간이 비좁았고, 수시로 문을 여닫는 냉장고 안에서 김치는 금방 시어지기 일쑤였다. 냉장실의 다른 음식에 김치 냄새가 배는 것도 문제였다. 김치를 보관할 더 좋은 방법이 필요했다.

그렇게 탄생한 것이 바로 김치냉장고다. 김치냉장고는 김장독을 땅에 묻는 원리를 이용한 '직접 냉각 방식'을 적용해 일정한 온도와 습도로 김치를 장기간 신선하게 보관할 수 있다.

김치냉장고의 탄생

최초의 김치냉장고는 1984년 3월에 출시한 금성(현 LG전자)의 'GR-063'이다. 1985년에는 대우전자에서도 '스위트홈'이라는 김치냉장고를 출시했다. "주부님께 드리는 또 하나의 만족, 국내 최초의 김치냉장고"라는 홍보 문구에도 불구하고, 당시 이 모델들은 시장에서 성공을 거두지 못했다. 당시만 해도 김치냉장고는 김치를 깔끔하게 따로 보관하는 보조용이었던 데다 아직은 단독주택에 사는 사람들이 많아 김치냉장고의 필요성을 크게 느끼지 못했던 것이다.

김치냉장고가 본격적으로 보급된 것은 1995년 만도기계(현 ㈜위니아딤채)에서 김치의 옛날 명칭인 '딤채'라는 이름의 김치냉장고를 출시하면서부터였다.

크기나 모양은 12년 전 모델과 비슷했지만, 때맞추어 단독주택에서 아파트로 주거 공간이 변화하면서 큰 주목을 끌었다. 무엇보다 일정 온도를 유지하여 발효의 속도를 조절함으로써 냉장고보다 더 신선하게 김치를 보관할 수 있다는 점이 소비자를 만족시켰다. 그 결과 1990년대 후반 주부들이 갖고 싶어 하는 가전제품 순위에서 김치냉장고가 1위를 차지했다. 당시 주부들 사이에서는 김치냉장고 구입을 위한 '김치냉장고 계모임'이 유행할 정도였다.

딤채가 출시 첫해에 4천 대, 이듬해에 2만 대가 팔리는 대히트를 기록하면서 많은 기업이 앞다투어 김치냉장고 개발에 나섰고, 현재는 김치냉장고 보급률이 가구당 1.72대가 될 정도로 대중화되었다.

스마트해지는 김치냉장고

김치냉장고는 다른 가전제품과 달리 순수 국내 기술로 만들었다. 그런데 기업들이 김치냉장고 개발에 나서기 전, 김치냉장고에 적용할 핵심 기술을 개발한 사람들이 있다.

1978년 전준열 씨는 냉장고 문을 여닫아도 공기가 순환하지 않는 구조를 개발했고, 같은 해 신종규 씨는 문을 앞쪽이 아니라 위로 열고 닫는 냉장고를 개발했다. 그리고 드디어 1989년, 서울대학교 전재근 교수가 '김치냉장고의 발효 및 저장 기능 제어 시스템'을 개발했다. 기포 발생량으로 김치의 숙성 정도를 파악해 냉장고의 온도를 제어하는 김치냉장고의 핵심 기술을 만들어 낸 것이다.

대표적으로 초기의 김치냉장고는 문을 위로 들어 올려 김치통을 꺼내는 구조였다가 차츰 서랍형, 스탠드형으로 바뀌었다. 초기의 뚜껑형은 차가운 공기가 아래로 내려가는 원리를 이용해 냉기가 빠져나가는 것을 막는다는 점에서는 기본에 충실했지만, 무거운 김치통을 들어서 꺼내야 하기 때

─────── 김치냉장고의 유형

뚜껑형
온도 유지에는
탁월하나 김치통을
넣고 꺼내기가
번거롭다.

서랍형
김치통을 넣고
꺼내기는 편리하나
냉장 강도가 약하고
내구성이 떨어진다.

스탠드형
높고 커서 다양한
음식을 저장할 수 있다.

빌트인형
1인 가구용으로,
좁은 공간에도 설치가
가능하다.

문에 불편했다. 이후 서랍식으로 여는 제품이 나와 김치를 꺼내고 넣는 것이 편해졌다. 또한 스탠드형 김치냉장고는 아랫부분은 서랍식이지만 윗부분은 일반 냉장고처럼 앞에서 여는 구조로 구성해 냉장실 혹은 냉동실로 설정할 수 있게 함으로써, 김치뿐 아니라 과일, 채소, 고기, 음료 등도 더 신선하게 보관할 수 있게 되었다.

일반 냉장고가 있음에도 김치냉장고를 사용하는 이유는 김치를 오랫동안 보관할 수 있다는 이점 때문이다. 일반 냉장고는 저장실 내부를 냉기가 순환하는 방식으로 냉각시켜서 내부 온도가 크게는 10℃까지 차이가 나고 수분도 함께 빠져나가 건조해지는 반면, 김치냉장고는 땅속 김장독처럼 -1~0℃를 유지해 김치가 쉽게 시어지지 않고 신선한 맛을 더 오래 보존할 수 있다.

초기에 보관 기능에 주력했던 김치냉장고 기술이 점차 진화하여 지금은 김치유산균을 생성·발효시켜 김치의 맛을 최상의 상태로 유지하는 단계로까지 발전하였다. 이 기술들은 김치냉장고에 새로이 적용되었고, 그 뒤로도 더 맛있는 김치를 위한 기술 개발은 꾸준히 이어지고 있다.

'프랑스에는 와인냉장고가, 일본에는 생선냉장고가, 한국에는 김치냉장고가 있다'는 말이 있다. 김장독은 없어졌지만, 더 완벽한 김치 맛을 내기 위해 김치냉장고는 오늘도 진화 중이다.

[김치 기능성]

발효 및 숙성 과정을 통해 항산화 물질(폴리페놀) 증가

[김치 기능성]

생체 내 산화 스트레스 감소를 통한 표피층 두께 유지 및 새로운 콜라겐 생성 촉진

[김치 기능성]

공복 혈당, 총 콜레스테롤, LDL 콜레스테롤 수치 개선

[김치 기능성]

혈장 내의 혈전 응고 촉진 단백질인 피브린 분해 증가

[김치 기능성]

독성 물질로 인한 설사 증상 호전 및 체중 감소 회복

[김치 기능성]

위암 세포주(AGS)의 성장 50% 이상 억제 및 암세포 내 DNA 합성 감소

[김치 기능성]

김치 발효 단계에 따라 대장암 세포주(HT-29)의 성장을 30~70% 억제

[김치 기능성]

폐암 세포주(A549)의 성장을 20% 이상 억제

[김치 기능성]

유방암 세포주(MCF-7)의 성장을 20% 이상 억제

[김치 기능성]

자궁경부암 세포주(Hela)의 성장을 30% 억제

[김치 기능성]

간암 세포주(HepG2)의 성장 억제

[김치 기능성]

췌장암 세포주(Capan-2)의 성장 억제

[김치유산균 기능성]

아토피 증상 약 35% 완화 및 아토피 유발 지표물질인
혈중 IgE 생성 약 45% 감소

[김치유산균 기능성]

피부 노화에 관련이 있는 세포외기질
단백질 분해효소(MMP-1, MMP-2, MMP-9)의 발현량 감소

[김치유산균 기능성]

폐 조직에서 A형 및 B형 인플루엔자 바이러스의 복제 감소

[김치유산균 기능성]

비장(SPC), 소장(PPC)의 면역세포 증식 및 장내 분비
면역글로블린A(IgA) 생성 증가

[김치유산균 기능성]
발암성 물질로 지정(2A등급)된 아질산염 제거

[김치유산균 기능성]
체중 및 체지방 증가 억제, 장내 미생물군집 구조 변화

[김치유산균 기능성]
항염증성 사이토카인 IL-10 생성 유도 및 염증성 장 질환 개선

[김치유산균 기능성]
혈액 및 간의 중성지방 저하 및 염증 반응 감소를 통한
비만 상태 개선

[김치유산균 기능성]
항균 및 항염증 특성으로 인해 심상성 여드름균 성장 억제

[김치유산균 기능성]
면역 제어 T세포 활성화에 의한 염증 반응 억제를 통하여
관절염 증상 완화

2부

김치의 역사

김치,
한반도의 역사와 같이 걷다

외국 사람들이 우리나라 밥상 앞에 앉았을 때 가장 낯선 것이 무엇일까?

'상 위에 놓여 있는 젓가락?'

젓가락은 사용하는 데 불편함이 있을지 몰라도 낯설지는 않을 것이다. 일본이나 중국의 음식 문화에서 이미 본 적이 있지 않겠는가.

'그렇다면 반찬은 어떨까?'

아마도 '그건 그럴 수도 있겠다' 싶다. 어느 문화권이든 한 상에 일품 요리 한두 가지 놓고 먹는 일이 대부분인데, 우리의 밥상은 그릇마다 갖가지 반찬을 담아서 가득 차려 놓으니 얼마나 진풍경이겠는가. 반찬은 보통 영어로 'side-dish'라고 옮기지만, 그 의미를 생각한다면 알맞은 번역은 아닐 것이다.

반찬은 일상생활에서 늘 접하는 특수한 우리 음식 문화다. 〈여우야 여우야〉라는 동요의 가사를 떠올려보자. 동요는 "뭐하니"라는 화자의 질문에 여우가 답하고, 화자는 다시 그에 대해 화답하는 구조로 되어 있다. 여기서 눈길을 끄는 것은 여우가 "세수한다", "옷 입는다"라고 답했을 때 화자는 여우에게 "멋쟁이", "예쁜이"라고 답하며 끝맺은 반면, "밥 먹는다"라는 답에는 "무슨 반찬?"이라며 되묻는 장면이다. 화자가 되묻은 까닭은 "밥 먹는다"라는 말에 '반찬도 함께'라는 행위가 내포되었기 때문일 것이다. 아이들이 부르는 동요에서조차 '밥과 반찬은 함께'라는 인식이 전제되어 있는 것이다.

밥과 함께 먹는 반찬 가운데 대표를 꼽으라고 한다면, 대개는 가장 먼저 김치를 떠올릴 것이다. 한국인들은 언제부터 김치를 먹었을까? 우리가 먹는 김치와 조선시대 사람들이 먹었던 김치는 같을까? 고춧가루로 버무린 빨간색 김치는 어떻게 만들어졌을까?

김치의 시작과 옛 문헌 속 기록

농경과 정착 생활을 불러 온 신석기 혁명은 인류의 생활양식을 바꾼 획기적인 변화였다. 일정한 지역에 정착해 곡물을 재배하기 시작한 이래로, 농업으로 식량을 확보하는 구조는 지금까지 이어지고 있다. 농사를 지었다고 해서 수렵·채집이 중단된 것은 아니었다. 다만 활동 지역이 고정됨에 따라 수렵·채집에 비해 구할 수 있는 종류와 양이 줄어들었다. 그러나 농사는 식량을 안정적으로 생산할 수 있다는 장점 때문에 오늘날까지 식량 확보 방안으로 활용되고 있다.

한 지역에 정착해 농사를 지으면서 안정적으로 식량을 확보하게 되자 인류는 불안한 미래를 일정 정도 예측 가능한 미래로 바꿔 나갔다. 각자의 의지에 따라 식량을 저축·소비할 수 있게 된 것이다. 그러나 이러한 변화가 좋기만 한 건 아니었다. 수렵 생활을 하던 때는 먹을 것이 부족해지면 다른 곳으로 옮겨 가면 그만이었지만, 정착 생활이 시작된 뒤로는 어떻게든 그 지역에 머물면서 생활을 꾸려 가야 했기 때문이다.

　오래전 한반도에 살던 사람들의 삶을 상상해 보자. 한반도는 온대기후에 속하고 산과 바다가 인접해 있어 다양한 먹을거리를 얻을 수 있었다. 문제는 겨울이었다. 기온이 내려가면서 농작물 재배는 물론 산과 들에서도 식량을 구하기 힘들었다. 더욱이 차가운 바다로 고기잡이를 나가거나 조개를 따러 가는 일은 자칫 목숨을 잃을 수 있었다. 한반도에서 겨울을 나기 위한 식량 저장은 불가피한 일이었다.

　이러한 상황은 한반도의 사람들에게 음식을 오래 저장할 수 있는 방법을 고민하게 만들었다. 곡물이야 장기 저장이 비교적 수월했지만 곡물만 먹고살 수는 없었다. 맛을 떠나 영양소 부족으로 건강에 심각한 위협을 받았다. 당연히 겨울 이전에 확보한 다양한 먹을거리를 오래도록 저장할 방법이 고안되었다.

　음식의 장기 저장법 가운데 대표적인 것은 건조와 염장, 즉 말리기와 소금 절임이다. 이러한 처리 과정으로 약간의 시간을 벌어도 음식은 결국 부패하기 마련인데, 부패가 심해지기 얼마 전 오히려 감칠맛이 올라오는 때가 있다. 바로 발효 작용에 의해서다. 우리 조상들은 삼국시대 이전부터 경험을 통해 발효의 맛을 알아냈고 그 방법을 발명했던 듯하다.

　3세기 중국의 옛 문헌에는 "고구려인들은 발효 음식을 잘 만들어 먹는다"라고 적혀 있고(《삼국지》〈위지〉편의 '동이전'), 《삼국사기》에도 신라의 신문왕이 김흠운의 딸을 신부로 맞으면서 폐백으로 술, 장, 젓갈 등의 발효 식품을 보냈다는 기록이 있다(제8권, 신문왕 3년). 또한 충청북도 보은의 법주사 절에 있는 대형 돌항아리는 삼국시대에 채소를 절여 저장하는 용도로 쓰였다고 추정된다. 이러한 기록과 유물은 한반도 사람들이 일찍부터 발효 음식을 만들어 먹었다는 사실을 말해준다.

현재 남아 있는 우리 문헌 중에는 김장문화를 보여주는 기록도 있다. 고려시대의 문인 이규보가 쓴 〈가포육영家圃六詠(텃밭에서 여섯 가지를 노래함)〉이라는 시다. 이 가운데 무를 보고 노래한 부분을 살펴보자.

무菁

장에 담그면 한여름에 먹기 좋고 得醬尤宜三夏食

소금에 절이면 긴 겨울을 넘긴다 漬鹽堪備九冬支

땅속의 뿌리가 날로 커지고 根蟠地底差肥大

줄기는 잘 드는 칼로 배 베듯 자르는 것 最好霜刀截似梨

텃밭에 자라는 무를 보고 여름과 겨울에 먹기 좋다고 노래했는데, 어떻게 먹으면 좋은지 얘기하는 부분이 흥미롭다. 청菁은 순무를 뜻하는 한자로 현재 우리가 알고 있는 강화 순무와는 다른 재래종 무다. 고려시대에도 무를 오래 두고 먹기 위해 여름에는 장에 절이고 겨울에는 소금에 절여 저장했다는 것을 알 수 있다.

한편, 고려시대 문인인 목은 이색의 시에서도 누이가 보내준 오이 장절임과 지인에게서 선물 받은 오이 장절임 이야기가 나온다. 앞서 이규보의 시나 이색의 시에서 공통적으로 소금이 아닌 장醬에 절인 채소 발효 식품이 등장하는 걸로 보아, 고려시대에 장김치도 즐겨 먹었음을 알 수 있다.

오늘날 우리가 '김치' 하면 떠올리는 '빨간색에 젓갈이 들어간' 김치는

고려 사람들이 즐겨 먹었던 김치

나박김치
얄팍하게 썬 배추와 무에
국물을 부어 만든다.

동치미
통무를 적당한 크기로 썰어
소금물을 부어 만든다.

장김치
무나 채소를 썰어 간장에 절인
뒤 물을 부어 간을 맞춘다.

고려시대에 보이지 않는다. 그렇다면 조선시대를 지나면서 어떤 변화가 일
어났으며 어떻게 오늘날의 김치 모습으로 바뀌었을까?

젓갈과 김치,
두 발효 식품의 만남

세계 곳곳에 절인 채소 음식들이 있다. 대개 소금이나 설탕, 식초 등에 채소를 단순히 절인 것들로, 절여서 발효를 거친 김치와는 확연히 다른 음식이다. 절임에 발효가 더해지면서 수많은 변주를 만들어 내는 것, 이 또한 김치만의 고유한 특징이라 할 수 있다.

젓갈은 오늘날 김장을 준비할 때 빠지지 않는 재료 중 하나다. 젓갈은 단일 식품으로도 다양한 종류가 만들어지고, 그 품목에 따라 지역 특산품의 위상을 갖는 것도 있다. 이런 젓갈은 언제부터 김치에 쓰이기 시작했을까?

젓갈의 역사

수산물은 고인류들에게 중요한 단백질 공급원이었다. 세계 곳곳에서 발견되는 조개더미 '패총'은 선사시대에도 수산물이 주요 먹을거리였음을 보여주는데 우리나라에서도 경남 부산, 전남 해남 등 서해안과 남해안 지방을 중심으로 곳곳에 존재한다. 하지만 조개는 부패가 워낙 빨라 오래 두고 먹을 수 없다는 치명적인 단점이 있었다. 따라서 채집한 조개를 오래 저장할 방법을 고안해 내야 했는데, 그것이 소금에 절여 발효시키는 '젓갈'의 시작이 되었다.

　기록을 통해 알 수 있는 것은, 앞서 살펴보았던 신라 31대 왕인 신문왕 (681~692년)의 폐물 품목이다. 《삼국사기》에 따르면, 신문왕은 683년 김흠운의 딸을 신부로 맞아들이면서 쌀·술·기름·꿀·장·시(메주)·젓갈 등을 보냈는데, 이 물품들을 실은 수레가 135대였다고 한다. 혼례 당사자가 왕이고 진골 신분의 신부집에 보내는 예물이라는 점을 감안하면 위 물품들은 귀한 물건들이었을 것이다. 다른 한편으로 135대의 수레에 실을 정도로 적지 않은 양이라는 점으로 미루어 본다면, 단지 결혼 의례만을 위한 폐백 음식이라기보다는 일상적으로 먹는 식재료였을지도 모른다. 즉, 7세기 후반 무렵 젓갈은 신라 상류층에서 상에 올리던 고급 반찬이었으리라 추측해 볼 수 있다.

젓갈과 김치의 만남

그렇다면 김치에 젓갈을 넣게 된 것은 언제부터일까? 젓갈 든 김치에 관한 최초의 기록은 16세기 요리서로 추정되는 《주초침저방酒醋沈菹方》에 남아 있다. 이 문헌에는 감동젓으로 만든 김치 '감동저'와 '새우젓을 넣어 담근 동아 섞박지'에 관한 조리법이 적혀 있다.

　감동젓은 작고 가느다란 보랏빛 새우로 담갔다 하여 '자하紫蝦젓'으로도 부르고, 순우리말로 '곤쟁이젓'이라고도 한다. 임금에게 진상할 만큼 귀한 감동젓에 오이를 절여 담근 김치가 감동저다. 이 감동저가 귀한 선물로 쓰였을 거라는 건 쉽게 짐작할 수 있다.

　이보다 앞서 《세종실록世宗實錄》 8년(1426년) 6월 16일 기록에는, 조정에

───── 자하젓

자하는 바다새우 중 가장 작고 연하며 몸체가 투명하다. 자하와 소금을 5:2 비율로 버무려 항아리에 담고 2~3개월 숙성시키면 깔끔하고 깊은 맛의 젓갈이 된다.

서 명나라 사신에게 "말린 고등어 두 궤짝과 어린 오이와 섞어 담근 곤쟁이 젓 두 항아리를 보냈다"라고 적혀 있다. 적어도 1400년을 전후하여 채소와 젓갈을 함께 절여서 먹었음이 확인된다.

　이때 조선을 찾은 명나라 사신은 윤봉尹鳳과 백언白彦이었는데, 둘 다 조선 출신 환관이었다. 조선 출신 환관은 사신으로서 조선에 가면 자신의 친부모를 방문했다. 위 기록은 백언이 수원의 친부모를 찾아갈 때 요청한 품목으로, 실록의 날짜가 음력임을 감안하면 당시는 한여름이었을 것이다. 건조된 고등어와 염장한 젓갈이 여름에도 유통되고 있었다는 얘기다.

　김치에 젓갈이 들어가면 맛이 훨씬 깊어진다. 이미 발효 과정을 한 번 거친 젓갈이 김치를 더욱 감칠맛 나게 하는 건 당연지사다. 무엇보다 젓갈이 제공하는 동물성 단백질은 김치에서 다양한 유산균이 활동할 수 있는 환경을 마련해준다. 또한 젓갈은 단백질뿐 아니라 칼슘 같은 영양소도 풍부하게 더해준다.

　하지만 젓갈이 들어가면서 김치에서는 어쩔 수 없이 비릿한 냄새가 났고, 비릿한 맛을 누르기 위해 파, 마늘, 생강, 산초 같은 여러 향신료 채소가 들어가게 되었다. 한참 이후에 등장하는 고추도 젓갈의 비릿한 냄새를 잡아주었다. 오늘날 우리가 잘 아는 김치의 맛이 여기서 비롯된 것이다.

고춧가루와
김치의 만남

젓갈 이후 또 한 번 김치의 역사를 바꾼 재료가 있다. 바로 고춧가루다. 지금 우리에게는 빨간색 고춧가루가 김치의 핵심적인 요소이자 대표적인 이미지로 자리 잡았으나, 처음부터 김치에 고춧가루가 들어간 것은 아니었다. 물론 백김치나 동치미에는 여전히 고춧가루를 넣지 않지만, 대신 빨간 생고추나 소금물에 삭힌 풋고추가 들어 있는 경우가 흔하다. 이 또한 처음부터 그랬던 건 아니다.

고추가 김치에 들어가기 시작한 것은 약 4백 년 전부터이다. 고추를 사용하기 전까지 김치의 저장 기간을 늘려주는 재료로 산초, 여뀌, 할미꽃, 노야기, 그리고 한약재로 쓰이는 형개 등이 쓰였다.

고추, 김치에 붉은 옷을 입히다

고추가 우리나라에서 본격적으로 음식의 재료로 사용된 것은 1600년대 기록에서 확인된다. 처음에는 약재로 쓰였던지 "맵고 뜨거운 기운이 몸을 따뜻하게 하고 뭉친 것을 풀어주는 데다 소화를 도왔다"라는 기록이 있다. 임진왜란, 병자호란 등 오랜 전쟁을 치르느라 굶주림에 허덕이던 백성들이

농가의 일상생활에서 꼭 알아야 할 내용으로 엮은, 농업과 의약에 관한 책.
자료: 국립중앙박물관

배고픔을 달래고 몸을 보하기 위해 고추를 즐겨 먹게 된 것이 아닐까 추측된다.

고추가 김치에 쓰인 단서는 조선 중기 문인인 이서우(1633~1709)의 시문집《송파집 松坡集》에서 처음 확인된다. 조선의 양반가 여성들이 기록한 조리서를 보면, 김치의 재료로 사용되던 산초 대신 고추가 들어가는 변화 과정도 엿볼 수 있다. 1766년 출간된《증보산림경제 增補山林經濟》에는 고춧가루를 넣은 오이소박이 만드는 법이 자세히 실려 있다.

고춧가루를 넣은 오이소박이 만드는 법

1. 늙지 않은 오이를 취해 세 면에 칼집을 낸다.
2. 고춧가루를 조금 넣고 마늘 네다섯 편을 끼운다.
3. 오이를 항아리에 넣는다.
4. 물을 오래 끓인 뒤 소금을 넣고 식기 전에 항아리에 붓는다.
5. 입구를 단단히 봉했다가 다음 날 먹는다.

김치는 고춧가루를 사용하면서 젓갈 특유의 비린내가 효과적으로 제거되고 소금 양을 줄이고도 저장 기간이 더 길어져, 장아찌에서는 맛볼 수 없는 김치 고유의 알싸한 탄산미와 발효미를 내게 되었다. 먹음직스러운 붉은색 덕에 한결 보기 좋은 음식이 된 것은 물론이다.

옛 문헌에 등장하는 고추 이야기로는 "고추를 항아리 속 채소와 섞으니 김치가 맛있네"(이서우), "김치에 향기로운 고추 열매 넣으니 맛이 부드러워지고 시원해진다"(김창업, 1658~1721), "고추 넣은 물김치를 먹으니 살아 있는 봄이 온 듯하다"(서유구, 1764~1845) 등이 있다. 고추로 인해 유산 발효가 잘 일어나 상큼한 신맛이 더해졌음을 생생히 표현하는 대목이라 할 수 있다. 그야말로 고추가 가져온 김치의 변화가 실감된다.

통김치가 없던 시절,
우리는 어떤 김치를 먹었을까?

해마다 김장철이 되면 시장은 김장 재료를 사러 오는 사람과 팔려는 사람
이 어우러져 북적인다. 김장 재료 준비의 기본은 좋은 배추를 사는 것이다.
일반적으로 '통배추'라고 부르는 배추는 잎사귀가 공을 감싸듯이 겹겹이
둥글게 속이 차는데, 그래서 '결구結球배추'라고 한다.

　　오늘날 우리가 재배하고 있는 결구배추는 중국 화북 지방의 배추를 개
량한 것으로, 처음에는 중국에서 종자를 구해 와 재배하다가 1700년대부터
수요가 늘어나면서 1800년 전후 품종을 개량한 것이다. 종자를 얻어 올 필
요 없이 안정적으로 재배되면서, 결구배추는 빠르게 김장김치의 주인공 자
리를 꿰찼다.

결구배추, 배추김치의 시대를 열다

《해동잡록海東雜錄》의 〈성현(1439~1504)〉편에 따르면 "우리나라 사람들이 숭
채를 배추라 하여, 한양 성문 밖에 많이 심어 이익을 본다"라고 되어 있다.
배추가 조선 전기부터 식재료로 쓰였던 것이다. 하지만 중국에서 종자를
들여와 재배했기 때문에 꾸준한 생산이 어려웠고, 그러다 보니 일부 계층

—— 우리나라 토종배추와 결구배추

토종배추
이파리가 길게 뻗어 속이 성글다.

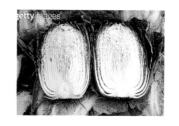

결구배추
이파리가 둥글게 안쪽으로 말려
겹쳐져서 속이 촘촘하다.

사람들만이 먹을 수 있었다.

당시 김치는 항아리 안에 주재료와 양념을 넣고 그 위에 국물을 붓거나 양념을 번갈아서 켜켜이 넣는 방식으로 담가서, 아무리 단맛이 나는 배추라고 해도 깊고 풍부한 맛을 내기가 어려웠다. 그런데 1800년대 이후 개량된 결구배추가 안정적으로 재배되고, 재배 면적도 점차 확대되어 생산량

✓ 배추 품종 개량의 선구자, 우장춘 박사(1898~1959)

세계적인 육종학자로, 배추의 품종을 개량해 오늘날 우리가 먹는 배추를 탄생시켰다. 우리나라 토종배추와 중국 화북 지방의 결구배추의 장점을 합쳐 배추 원예 1, 2호의 육종에 성공했고, 이후 맛 좋고 영양이 풍부한 결구배추를 개발했다. 지금 우리나라는 세계 최고의 배추 육종 기술을 자랑하며, 중국산 배추와 차별화된 고품질의 배추를 재배하게 되었다. 덕분에 국제식품규격에 배추 영문명이 'Kimchi Cabbage(김치용 배추)'로 등재되었다.

이 늘어나면서 조리법 또한 발달했다. 풍성하고 속이 꽉 찬 결구배추의 이파리 사이사이에 양념을 끼워 넣고 밖으로 빠져나오지 않도록 맨 바깥 배춧잎으로 몸통을 감싸서 항아리에 담는 방식이 나온 것이다. 덕분에 양념이 배춧잎 사이에 잘 스며들어 맛이 풍부해졌다. 1800년대 말에는 김치에 최적화된 품종으로 서울배추와 개성배추가 개량에 성공하며 중국 배추보다 인기를 끌었다. 오늘날 우리가 재배하는 배추는 20세기 초 다시 한번 품종을 개량한 것이다.

섞박지에서 통배추김치까지

통배추에 적합한 결구성 배추가 보편화되기 전에는 배추를 잘게 잘라 다른 재료들과 섞어 '섞박지'를 만들어 먹었다. 섞박지는 적당한 크기로 썬 무나 배추, 가지, 동아, 갓 같은 채소와 젓갈, 파, 마늘, 고추 같은 양념들을 항아리 안에 한 켜씩 번갈아 넣어 만든 김치였다. 그러다가 채소와 젓갈, 양념을 모두 버무려 먹었는데, 버무린 섞박지를 그대로 배춧잎 사이사이에 넣어 만든 것이 초기의 배추김치다. 이후 섞박지를 배춧잎 사이사이에 넣기 쉽도록 무를 채 치고 다른 채소들도 잘게 썰게 된 듯하다. 버무린 양념을 배춧잎 사이에 넣고 바깥 잎으로 감싸면 모양이 흐트러지지 않아 보기에도 좋고, 항아리에서 한 포기씩 꺼내 먹기에도 좋았다.

비교적 역사가 짧은 배추김치를 지금 우리가 가장 즐겨 먹게 된 것은 줄기의 아삭한 식감과 이파리의 잘 버무려진 양념 맛의 조화가 매력적이어서일 것이다. 이러한 장점으로 배추김치는 오늘날 김치를 대표하는 대명사가 되었다. 다만 그러다 보니 다양한 재료로 만들어진 다른 김치들이 상대적으로 덜 주목받는 아쉬움도 생겼다. 김치가 어떤 음식인지 알리는 데에 배추김치가 큰 몫을 했지만, 이제는 배추김치뿐 아니라 다양한 김치를 널리 알릴 필요가 있지 않을까. 맛과 영양, 매력이 넘치는 전국의 이색 김치들이 각 지역의 로컬푸드로서 주목받기를 기대한다.

맛 좋고 영양이 풍부한 배추김치 담그는 법

1. 맛있는 배추 고르기

결구 정도가 단단하고 겉잎의 색은 진한 녹색, 속잎은 노란색이 좋다. 이파리가 많고 냉해, 상해(짓눌림)의 상처 또는 벌레, 흙, 지푸라기 등 이물질이 적은 것을 고른다. 배추통이 너무 크면 잎이 억세고 단맛이 덜하다. 손으로 눌러서 조금 들어가는 정도로 속이 들어찬 배추가 적당하다.

2. 배추 다듬기

배추 밑동을 깨끗하게 잘라 내고 시들거나 바랜 겉잎은 떼어 낸다. 밑동 부분에 칼집을 내서 배추를 네 쪽(혹은 두 쪽)으로 자른다.

3. 배추 절이기

배추를 소금물에 담그거나 소금을 직접 배추에 뿌린다. 반반씩 하는 경우도 있다. 보통 배추 한 포기에 소금 한 컵 정도를 사용한다. 소금을 직접 뿌릴 때는 줄기 부분에 뿌린다. 배추 줄기를 꺾어 보았을 때 툭 꺾이지 않고 부드럽게 젖혀질 때까지 절인다.

4. 배춧잎 사이에 넣을 양념소 만들기

① 양념소에 넣을 채소들을 다듬고 깨끗이 씻는다. 주로 무와 마늘, 생강, 쪽파, 양파, 부추, 갓 등의 채소들이 양념소에 들어간다.
② 찹쌀가루를 물에 풀어 죽을 쑤듯 약한 불로 끓여 찹쌀풀을 만든다. 찹쌀풀이 식으면 멸치액젓과 까나리액젓, 새우젓 등의 젓갈과 고춧가루를 넣고 섞어 둔다.
③ 채소를 준비한다. 무와 양파는 채 썰고, 마늘과 생강은 다지고, 부추와 쪽파는 3cm 정도의 길이로 잘라서 찹쌀풀과 젓갈, 고춧가루를 섞은 것에 넣고 잘 버무린다. 단맛을 내기 위해 설탕이나 사과, 배, 감 같은 과일 혹은 매실액 등을 넣는다.

5. 절인 배추 깨끗이 씻어 물기 빼기

배추를 물에 여러 번 헹군 뒤 채반에 엎어 물기를 뺀다.

6. 배추에 양념소 넣기

배춧잎을 한 장 한 장 벌려 양념소를 넣으면서 배추에 양념을 바른다.

7. 용기에 담기

속을 다 바르면, 양념이 빠져나가지 않도록 배추 겉잎으로 몸통을 잘 싸서 김치통에 차곡차곡 담는다. 공기가 닿지 않도록 꾹꾹 눌러 담은 뒤 다듬고 남은 배춧잎으로 맨 위를 덮는다.

8. 냉장고나 김치냉장고에 보관하기

김치통을 서늘한 곳에 두어 김치를 익힌 다음 냉장고나 김치냉장고에 보관한다. 김치를 담그자마자 김치냉장고에 넣고 익히기도 한다.

왕의 김치,
백성을 살핀다

궁중 김치라고 하면 궁에서 왕이 먹는 김치이니 으레 '화려할 것이다'라고 짐작하기 쉽다. 그러나 조선시대에 '화려하다'는 건 '검소하다'라는 긍정적인 덕목과 반대되는 부정적인 평가였다. 검소·베풂 등의 가치가 선善으로 인식되었던 조선 사회에서 사치를 부린다거나 인색하다는 평가는 수치스러운 일이었다. 왕은 모든 면에서 모범을 보여야 했기에 왕의 식단은 화려함을 추구할 수 없었다.

그렇다면 '궁중 음식은 화려하다'라는 인식은 어떻게 생겨난 것일까? 궁중 김치에 대한 탐구는 여기서부터 시작해 보자.

국가의 모든 것을 살피는 왕

왕은 이념적으로 조선의 모든 것을 주재하는 존재였다. 한 해의 풍흉 또한 왕의 관리·감독 아래에 있었다. 왕은 봄 가뭄, 여름 장마, 가을 태풍 등의 자연재해를 걱정하며, 농사에 피해는 없는지 살폈다. 그리고 가을이면 농사의 결실을 살펴 세금을 부과했다.

현물 납부 체계를 운영·유지했던 조선 전기에는 공물로 올라온 각 지역의 특산물들이 사옹원司饔院(궁중의 음식 관련 일을 맡아보던 조선시대의 관청)의 조리를 거쳐 왕의 밥상에 올려졌다. 왕은 밥상의 음식들을 먹으면서 그 재료들을 하나하나 짚으며 상납한 지역의 안부를 묻고 형편을 살폈다. 공물은 임금에게 진상할 식재료였기에 최상품으로만 엄선되었다. 이후 현물 대신 쌀로 세금을 거두고 필요한 물품은 시장에서 조달하는 대동법이 시행되면서 궁중 내 식재료 유통 과정이 달라졌다. 그래도 조선 팔도의 특산품들이 왕이 사는 한양 도성으로 모였다가 흩어지는 일에는 변함이 없었고, 이 또한 상품성을 갖춘 재료들로만 선별되었다.

서울로 모인 지역의 특산품

현물을 거두지 않는다고 해서 왕의 밥상에 올라가는 음식의 종류가 줄어들지는 않았다. 특정한 계절에만 토산품을 공납 받을 때와 달리, 필요한 재료를 시장에서 구입하니 상차림은 오히려 다양해졌다.

　한편 궁궐의 각종 의례 및 행사 등에 필요한 물건들은 담당 관서를 두고 직접 재배·관리하도록 했는데, 이 가운데 채소와 과일들을 재배하고 관리하는 관서는 사포서司圃署였다.

　지방에서 올라온 최상품의 특산물과 관서에서 재배한 채소들은, 사옹원 소속 요리사들의 손을 거쳐 왕의 밥상에 올려졌다. 전수받은 조리법, 다양한 재료 경험, 실력과 경력에 따른 승진 등 사옹원의 요리사들은 솜씨가 부족할 수 없는 환경이었다.

　좋은 재료와 뛰어난 요리사의 만남은 보기에도 좋고 맛도 훌륭한 음식들을 탄생시켰다. 다른 곳에서 접하기 힘든 재료로 만든 음식들, 여러 가지 재료가 아낌없이 사용된 음식들, 이것이 궁중 음식의 특징이었다.

왕실에서는 어떤 김치를 담갔을까

우리 전통문화의 특징 중 하나는 '기록'이다. 우리 선조들은 분야를 가리지 않고 기록을 남겼다. 음식에 대한 기록도 예외는 아니어서, 덕분에 우리는 고문헌 속 기록을 통해 당시 사람들이 먹었던 음식과 김치의 종류에 대해 알 수 있다.

조선의 22대 왕 정조는 어머니 혜경궁 홍씨의 회갑연을 수원 화성행궁에서 성대하게 열었다. 행궁에 별도의 주방을 설치하여 노인을 위한 특별식을 만들어 올리도록 했는데, 이때의 기록은 《원행을묘정리의궤園幸乙卯整理儀軌》에 담겨 있다. 화성궁으로 행차하는 길에 차렸던 밥상에는 미나리김치, 무김치, 배추김치, 섞박지, 산갓김치, 동아김치, 꿩김치, 젓국지, 굴김치 등이 올랐다고 적혀 있다.

조선 말기 왕실의 김장 풍속은 1910~1920년대 신문기사에서 볼 수 있다. 김치를 150여 독이나 담가 열여섯 칸이나 되는 김치광에 빼곡하게 묻어 두고 왕실과 친족들이 나누어 먹었다고 한다. 이때 담근 김치는 섞박지, 깍두기, 보싼김치(지금의 보쌈김치), 동치미, 장김치, 통배추김치 등이라고 기록되어 있다. 특히 궁에서 쓰는 간장은 10~15년을 묵혀 두어 맛이 조청같이 달아서, 궁중 간장으로 만든 장김치와 낙지, 굴, 소라 같은 해물을 넣어 만든 보싼김치의 맛은 정평이 나 있었다.

서민의 김치,
배고픈 시절을 건넌다

먹을거리가 풍성할 때는 귀한 식재료들이 김치에 사용되었다. 하지만 반찬
은커녕 밥 한 그릇 배불리 먹기 어려운 시기에도 사람들은 김치를 담가 먹
었다. 일제강점기 후반 일제의 총동원 체제, 한국전쟁, 그리고 산업화가 본
궤도에 오르기 전까지 겪던 보릿고개 등 입에 풀칠도 하기 힘들 때, 반찬
하나 놓고 끼니를 때울 때, 이러한 상황에서조차 김치는 우리 곁을 지킨 음
식이었다.

한국전쟁과 김치

전쟁은 무차별적으로 모든 것을 파괴한다. 물리적인 시설·건물뿐 아니라
사회제도, 도덕성과 가치관 등 사람들의 인식과 생각, 법과 제도 같은 사회
운영 원리까지. 이로 인해 사람들의 일상은 무너지고 오로지 생존을 위한
처절한 사투만이 남는다.

한국전쟁에서도 이러한 전쟁의 폐해가 여실히 드러났다. 예기치 못했
던 기습 전쟁이라 많은 이들이 급하게 피난을 떠나 한정된 지역에 모여들
면서 의·식·주 해결을 위한 치열한 경쟁이 벌어졌다.

무엇보다 '먹을 것'이 가장 큰 걱정거리였다. 옷과 잠자리야 어떻게든 마련할 수 있었지만 매일 먹어야 하는 음식은 해결 방안이 마땅치 않았다. 그때 피난민에게 조금이나마 위안이 되어준 건 김치였다. 평상시처럼 다양한 재료를 넣지 못해도 김치는 기본 이상의 맛을 냈고, 김치만 있으면 다른 반찬이 없어도 거뜬히 한 끼를 해결할 수 있었다. 김치에 물을 부어 끓이면 김칫국이 되었고, 여기에 밀가루 반죽을 떼어 넣으면 김치 수제비, 쌀을 넣으면 김치죽이 되었다. 김치를 담그면서 생기는 시래기도 피난민의 건강을 챙기는 알뜰한 반찬이 되어주었다. 이렇듯 영양이 풍부하고 맛도 좋은 김치의 면모는 어려운 순간에 더욱 빛을 발했다.

김치는 품이 들더라도 한번 만들어 두면 별다른 조리 없이도 차려 낼 수 있는 훌륭한 반찬이 되며, 국물 한 방울 남길 것 없이 활용 가능한 든든한 식재료가 되었다. 그래서 사람들은 어렵던 시절에도 김치만은 꼭 담그려고 했다.

김치와 함께 보릿고개를 넘다

보릿고개란 지난가을에 수확한 쌀이 다 떨어졌는데 보리는 아직 여물지 않아 먹을 것이 없는, 1년 중 식량 사정이 가장 어려운 시기를 이르는 말이다. 1960년대까지도 해마다 봄이면 많은 사람들이 보릿고개로 극심한 굶주림을 겪었다. 특히 일제강점기 때는 농민들이 추수를 끝내고 소작료와 빚, 세금 등을 내고 나면 남는 것이 거의 없었다. 가까스로 긴 겨울을 나고 5월쯤 되면 먹을 것이 바닥났다.

농민들은 소나무 속껍질을 잘게 찢거나 찧어 쌀가루와 섞어서 송기떡

────────── 보릿고개를 함께 넘은 농민들 먹을거리

김치죽
김치에 물을 붓고 쌀을 조금
넣어 끓인다.

보리밥
초여름에 수확한 보리쌀로
밥을 지어 먹으면서
보릿고개를 넘는다.

열무김치
김장김치가 떨어졌을 초여름
무렵에 담근다.

을 만들어 먹거나, 풋보리나 쑥 같은 나물로 죽을 쑤어 먹었다. 김장김치가 남아 있으면 물을 잔뜩 붓고 쌀을 조금 넣어 김치죽을 끓였다. 김장김치마저 다 떨어지면 열무가 나기를 기다려 열무김치를 담갔다.

보리와 열무는 보릿고개의 끝을 상징했다. 보리밥과 열무김치를 별미라고 여기게 된 데에는, 그 맛 자체로도 뛰어났지만 보릿고개라는 배고픔의 시간이 있어서였다. 김치는 곤궁했던 보릿고개를 함께 견디고 끝맺었던, 애환이 담긴 음식이었다.

열무가 없으면 민들레의 어린잎이나 각종 산나물을 뜯어다가 김치를 담갔다. 먹을 것이 부족하니 구할 수 있는 모든 것이 김치의 재료가 되었다. 생존을 위한 치열한 고민은, 역설적이게도 수많은 김치가 탄생하게 된 배경이 되었다. 오늘날 우리 식탁을 풍요롭게 해주는 다양한 종류의 김치는 이렇게 탄생한 것이었다.

김치,
이름의 역사

김치는 언제부터 '김치'라고 불렸을까? 1955년 만도기계에서 출시한 김치 냉장고의 브랜드는 '딤채'다. 김치와 딤채는 어떤 연관성과 차이가 있을까? 또한 재료에 따라 ○○김치라고 부르는가 하면, 섞박지·소박이처럼 김치라고 부르지 않는 김치도 있다. 대체 이렇게 이름을 짓게 된 유래와 이유는 무엇이었을까?

디히와 딤채

김치를 뜻하는 옛말에 '디히'가 있다. 장에 담근 김치라는 의미의 '장아찌'는 장앳디히가 변한 말로, '디히'가 '지히'와 '지이'를 거쳐 '지'로 굳어진 것이다. 오늘날에는 짠지, 오이지 같은 절임류를 나타내거나 묵은지, 섞박지, 싱건지처럼 이름 끝에 어미로 붙어서 사용되고 있지만 전라도 지역에서는 여전히 김치 자체를 '지'라고도 부른다.

하지만 김치의 어원은 '딤채'다. '침채沈菜'의 고려 이전 음이 딤채였고 '딤채 → 짐채 → 짐치 → 김치'로 음운 변화를 거쳐 정착한 것으로 본다. '沈菜'는 중국에는 존재하지 않는 단어로, 채소를 절여 발효시킨 음식을 표기하기 위해 우리나라에서 만든 조어造語다. 발음을 딤채라고 하는 것으로 보아, 적어도 신라시대부터 사용한 용어가 아니었을까 추정된다. 한글이 창제되기 전이라 한자어를 빌려 김치를 표기했을 뿐, 이를 두고 김치가 중국에서 유래했다고 주장하는 것은 바람직하지 않다.

김치 이름 짓기 : 재료·조리법·모양

오늘날 김치는 대개 배추김치를 지칭한다. 배추김치는 배추를 주재료로 만든 김치로서, 여러 김치 가운데 하나일 뿐이다. 이미 알다시피 김치에는 수많은 종류가 있고, 대부분 파김치·갓김치·고들빼기김치처럼 주재료에 김치를 붙여 부른다.

이와 달리 '깍두기'처럼 이름에 김치를 붙이지 않는 김치도 있다. 무를 작은 크기로 네모나게 깍둑썰기하여 담근 김치를 깍두기라고 하는데, 깍두기라는 이름이 먼저 생기고 깍두기 모양을 따서 '깍둑썰기'라는 조리 용어가 나온 것으로 보인다.

오늘날 깍두기 무의 크기는 대개 2~2.5cm 정도이지만, 20세기 이전의 깍두기 담금법을 보면 무를 가능한 한 굵직하게 썰도록 제안하고 있다. 채깍두기, 두쪽깍두기, 통깍두기, 알무깍두기 등과 같이 현재 기준으로는 무김치라고 불릴 만한 것까지 깍두기로 통칭해 불렀다.

깍두기는 '어느 쪽에도 끼지 못하는 사람이나 그런 신세'를 뜻하기도 한다. 일반적으로 고무줄놀이나 말타기놀이처럼 편을 나눠야 하는 상황에서, 사람 수가 홀수라 한 아이가 남거나 규칙을 적용하기 어려운 어린 동생이 끼어 있을 때 깍두기를 하게 한다. 그 단어에서 알 수 있듯이, 깍두기 김치는 무를 자르고 남은 끄트머리나 김치를 담그고 남은 가장자리(갓데기), 껍데기(것대기) 등의 허드레 재료를 모아 만든 데서 유래한 이름일 가능성이 크다. 궁중에서는 깍두기를 '송송이'라고도 불렀는데, 아마도 무를 송송 써는 모양에서 따왔을 것으로 보인다.

총각김치의 이름은 전통시대 남자아이들의 머리 모양에서 비롯되었다. 요즈음 '총각'은 결혼하지 않은 성인 남자를 가리키지만, 원래는 '총각하다'라는 동사에서 비롯된 말이다. '묶을 총總'에 '뿔 각角' 자를 써서 머리를 양 갈래로 땋아서 뿔처럼 위로 묶는 모양을 뜻했다. 그러다가 남자가 관례나 혼례를 치르면 상투를 틀어 올리게 되면서 총각이 '미성년' 혹은 '미혼'과 동의어로 굳어진 것이다.

총각김치의 총각무는 바로 그러한 머리 모양과 비슷하다고 해서 지어진 이름이다. 총각김치는 '알타리김치'라고도 불리는데, '알타리'는 작고 단단한 무가 뿌리 끝에 알처럼 달리는 모양새를 보고 붙인 이름으로 '알달이'라고도 했다.

──────── 다양한 어원을 지닌 김치 이름들

깍두기
'조금 단단한 물건을 대중없이
자꾸 썰다'는 뜻에서 유래한
이름이다.

오이소박이
갈라놓은 오이 속에 양념소를
넣어 만들었다는 뜻이다.

총각김치
옛날 남자아이들의 머리
모양에서 유래한 이름이다.

총각김치가 생긴 모양새를 본 따 이름을 붙였다면, '소박이'는 만드는 방법에 착안하여 지은 이름이다. '소박이'는 오이, 가지 등을 서너 갈래로 갈라서 그 안에 양념소를 넣은 것을 뜻한다.

이름을 짓는다는 것은 정체성을 부여하는 일이다. 이름 붙일 대상의 가장 대표적인 특징을 따다 직관적으로 부르기도 하고, 혹은 여러 특징을 포괄하는 추상화 과정을 거쳐 이름이 붙여지기도 한다. 우리 선조들이 오랜 세월 만들어 먹어 온 김치에는 식재료와 양념, 조리법, 모양, 시기 등 저마다의 특징에 따라 각자 알맞은 이름이 주어진 것이다.

김치
디아스포라

디아스포라Diaspora는 제 나라를 떠나 타지에서 자신들의 규범과 생활 관습을 유지하며 살아가는 민족 집단을 의미하는 것으로, 원래 팔레스타인을 떠나 세계 각지에 흩어져 살면서 유대교의 율법을 지키며 사는 유대인을 지칭하던 데서 유래한 용어다. 우리 역사에서 디아스포라 사례가 빈번했던 시기는 일제강점기이다. 물론 전통사회에서 디아스포라가 없었던 것은 아니다.

1712년 조선의 사행원으로서 청나라 북경에 다녀왔던 김창업은 북경으로 가는 길목의 영원위寧遠衛, 풍윤현豐潤縣이라는 지역에서 우리나라(조선)식으로 김치와 장을 만들어 파는 69세의 노파를 만났다. 노파는 병자호란(1636년) 때 청나라에 잡혀 온 조선인 전쟁 포로의 후손으로, 청나라에 살면서도 조선인의 정체성을 잃지 않고 경계인으로 살아가고 있었다. 노파가 만들어 파는 동치미는 이 지역을 지나다니는 조선인들 사이에서 꽤 유명했다. 잘 발효된 김칫국물의 개운하고 시원한 맛은 짜고 신 맛이 강한 중국식 채소 절임에서는 절대 맛볼 수 없었기 때문이다. 국물을 먹기 위해 만드는 채소 절임은 김치만이 지닌 특징 중 하나다. 긴 여정의 끝, 중국 요리와 채소 절임에 물릴 즈음 만났을 톡 쏘는 맛의 동치미는 가뭄 끝에 만난 단비와도 같았을 것이다.

근대 이후 한韓민족의 디아스포라는 1902년 12월 인천을 출발해 1903년 1월 하와이에 도착한 121명의 하와이 이민자가 시작이다. 일제강점기를 지나는 동안 강제이주, 독립운동, 망명 등의 이유로 나라를 떠나는 사람들이 늘었고, 그들이 정착한 지역도 미국, 일본, 연해주, 간도, 만주 등지로 다양했다. 이후 현대에 들어서는 수많은 사람이 유학이나 사업을 이유로 전 세계로 퍼져 나갔다.

어떤 이유로든 나라를 떠난 이들에게는 고국에 대한 향수가 어김없이 찾아들기 마련이다. 이때 정서적 허기를 달래는 좋은 방법의 하나가 고향의 음식, 소울푸드를 먹는 것이다. 노예선을 타고 브라질로 온 아프리카계 노예들에게는 페이조아다Feijoada라는 검은콩 수프가, 이탈리아에서 미국 땅으로 건너온 이주 노동자들에게는 파스타가 그랬다.

소울푸드는 음식 자체만이 아니라 '함께 먹는다'라는 행위를 통해 뱃속의 허기뿐 아니라 고국, 고향, 가족의 빈자리를 채우면서 지친 영혼을 감싸 안아 안식하게 했다. 고국으로 돌아갈 수 있다는 희망은커녕 생존을 위해 하루하루가 전쟁을 치르느라 고단했던 이민자의 삶. 그들이 모여서 함께 음식을 만들고 먹는 시간은 정서적 유대감을 나누며 더 나은 내일을 기대하게 하는 원동력이었다.

그런데 김치는 좀 더 특별했다. 어느 나라에나 흔히 있는 채소 발효 식품이지만 제조 방식이 판이해 현지 음식과 확연히 구분되었다. 발효 음식은 관여하는 미생물의 종류와 생장 조건에 따라 특유의 풍미가 형성되어 민족적 호불호가 분명하다. 더욱이 데치거나 말린 다음 소금, 식초 등에 담가 절인 여타 채소 절임은 유산균 생성이 미미한데, 김치는 생채소를 전용 양념에 버무려 열처리 없이 자연 발효시킴으로써 유산균의 생성을 극대화하였다. 게다가 다른 어떤 채소 절임에서도 사용하지 않는 '마늘과 젓갈'이 함께 버무려지다 보니 발효 과정에서 독특한 냄새를 뿜어내게 되었다. 김치 특유의 냄새는 현지인과 손쉽게 '구별 짓기'를 하는 수단으로 작동하기도 했다.

그러다 보니 김치문화를 공유한 한국인은 공동체적 유대감이 남다를 수밖에 없었다. 한국인은 세계 어느 곳에 가서 정착하든 그 지역의 채소 절임에 만족하지 못하고 발효미가 두드러진 김치를 만들어 먹었다. 저장을 위해 강하게 소금에 절였다가 먹을 때 소금기를 빼는 보통의 채소 절임 음식과 김치가 별반 다르지 않았다면 이처럼 강력한 김치 디아스포라가 형성되지는 않았을 것이다.

일례로, 일제강점기 때 연해주를 거쳐 중앙아시아로 강제이주했던 우리 민족, 즉 '고려인'들은 제대로 발효를 거쳐야 나는 김치의 깊은 맛을 '삭은 맛'이라고 표현하며 집착했다. 삭은 맛은 생채소를 소금에 살짝 절인 뒤, 무·파·마늘·고추·젓갈 등을 버무려 만든 양념소와 한데 섞어 서늘한 곳에서 일정 시간 익혀야 완성된다. 이국땅에 정착했던 초기의 고려인은 그곳에서 구할 수 없는 재료는 다른 것으로 대체해서라도 김치를 만들었다. 이들이 담근 김치와 일반 채소 절임의 차이는 제조 방식으로 구별했다. 그 핵심은 바로 '채소 절이기 → 고추·마늘 등 향신료 채소로 양념소 만들기 → 버무리기 → 저온 숙성'의 과정에 있다. 이러한 기본 틀이 바로 김치의 원형에 해당한다. 현지에서 조달할 수 있는 재료를 사용해야 했기에 천일염 대신 암염을 썼고, 양념소는 고추와 마늘만으로 만들었으며, 젓갈은 포기했다.

이렇게 뜻하지 않게 현지화된 김치를, 고려인들은 한국 땅을 떠날 당시 불렀던 과거 발음 그대로 '짐치'라고 했다. 일본 자이니치ざいにち, 在日의 '기무치キムチ', 중국 옌볜延边 조선족의 '커이무치克依姆奇', 심지어 선인장으로 만든 '쿠바-멕시코 한인의 김치'까지 모두 이러한 과정을 겪은 김치들이다.

이주민들의 김치에는 이주 당시의 원형과 현지화된 모습이 혼용되어 있다. 본토 모집단 문화와 지리적으로 격리되어 당시 김치의 원형을 간직할 수 있었지만, 이주지의 환경적 제약은 현지화를 강요했다. 이러한 문화적 혼종성Cultural Hybridity은 주어진 여건에서 이들이 김치를 먹을 수 있는 유일한 방법이었다. 하지만 고국의 원재료를 제대로 넣고 담근 오리지널 김치의 '삭은 맛'은 여전히 그들이 맛보고 싶어 하는 '이상적인 김치의 맛'임이 틀림없다.

신기하게도 '진짜 김치 맛'에 대한 열망을 디아스포라 후손들에게서 볼 수 있다. 최근에는 교통·통신 및 소셜네트워크의 발달, 한류의 확산 등으로 과거 한민족 이주민들이 고국의 문화와 단절되었던 때와는 전혀 다른 양상이 펼쳐지고 있다. 한국산 김치가 세계 곳곳에 유통되면서, 우즈베키스탄의 경우 이주민에 의해 현지화된 김치는 '고려 짐치'라고 구분해 부르면서 한국산 김치에 열광한다. 중국 옌볜의 조선족 공동체에서도 마찬가지 현상을 겪고 있다. 어쩔 수 없이 현지화된 디아스포라 김치를 먹어 왔던 이주민 후손들이 제대로 맛을 낸 '진짜Authentic' 김치 맛에 눈을 뜨게 된 것이다.

일반 채소 절임에서는 절대 얻을 수 없는 김치의 '삭힌 맛'을 머나먼 타지에서도 편하게 맛보려면 현지 채소를 '한국식 제조 방식'의 원형대로 담근 디아스포라 김치가 유일한 대안이었다. 그런데 한국의 재료로 제대로 담근 '진짜 원조 김치'에 대한 선망도 공존하는 것이 디아스포라 지역의 특이한 김치문화다. 이는 한 세기를 앞서 전 세계로 이동했던 우리 선조들이 남긴 김치 세계화의 훌륭한 선례이자 명확한 지침이 될 수 있을 것이다.

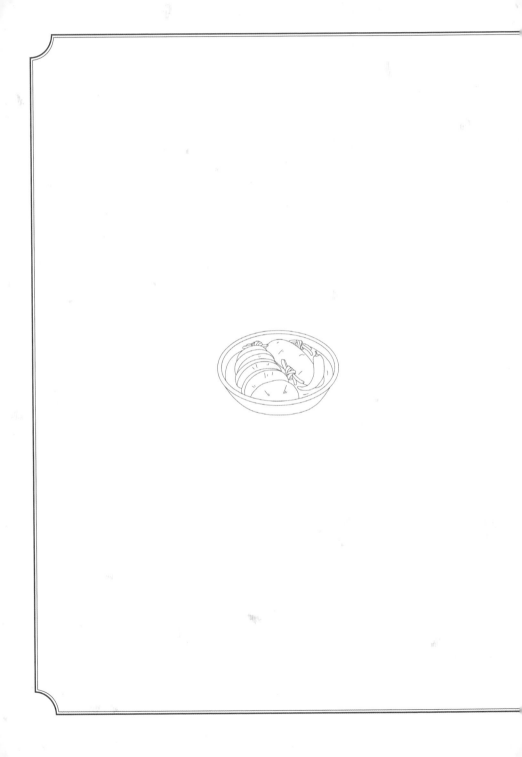

3부

김치 속 문화

세계 유일의
김장문화

매년 늦가을에서 초겨울이면 '김장'으로 온 사회가 들썩인다. 배추 등 주요 재료의 풍흉, 수요 및 가격 예측 등이 뉴스에 오르내리고, 각 가정에서는 하나둘씩 김장 준비에 들어간다. 먼저 날짜를 정한 뒤 고춧가루와 액젓, 마늘 같은 양념은 미리미리 챙겨 두고, 배추와 무, 갓, 파 같은 재료는 그 날짜에 맞춰 준비한다. 그리고 정해진 날이 되면 온 가족이 모여 각자 역할을 분담해 김장김치를 담근다.

이때 김장을 주도하는 책임자는 각 가정의 고유한 조리법을 전수받은 집안의 어른이다. 가정마다 담그는 법이 조금씩 다르다 보니, 김장김치 맛은 같은 듯 다 다르다. 오랜 입맛대로, 온 가족이 함께 만든 김치여서 김장 김치에 대한 애착과 더불어 가족 간의 유대감 또한 커진다. 그런데 이러한 김장문화는 언제부터 시작된 것일까?

여럿이 모이는 김장 마당

김장은 채소를 구하기 어려운 겨울을 대비한 것이다. 하지만 때로는 겨울을 지나서까지도 먹어야 했다. 따라서 김장의 관건은 대량 작업을 위한 노동력과 장기 저장에 필요한 기술 확보였다.

노동력의 우선 대상은 가족이었다. 온 가족이 모여 각자의 역할을 분담해 김치를 담갔다. 노동에 참여할 수 있는 가족 구성원이 적을 때는, 마을 단위에서 일손을 모아 거들어주거나 비슷한 처지에 있는 사람들끼리 모여서 김장을 하고 각자의 몫을 가져갔다. 이른바 '품앗이'였다.

김장은 가족과 이웃이 만나는 '만남의 장'이면서 한편으로는 교육터였다. 재료 선별과 손질, 제조 순서 등 김장김치 담그는 법이 실시간으로 공유되고, 어른에서 아이로, 우리 집에서 옆집으로 전해졌다. 모두 모여 함께 일하고 함께 나눈다는 공동체 문화의 특성이 김장문화에는 고스란히 담겨 있다.

김치를 땅에 묻다

조선 후기의 문인 박윤묵(1771~1849)은 〈설후雪後〉라는 시에서 "겨울 석 달은 김장김치로 견뎌야 하네. 문밖 무와 배추는 얼마나 있을까三冬旨蓄猶堪繼 門外菁菘數畝田"라고 노래했다. 김장김치를 위한 무·배추의 양을 걱정하는 내용인데, 여기서 다시 확인할 수 있는 것은 김장김치로 겨울을 나야 한다는 사실이다.

그렇다면 김치를 3개월이 넘도록 신선하게 장기 저장하려면 어떻게 해야 했을까?

한반도는 온대기후로 사계절이 뚜렷하다. 여름 기온은 30℃를 훌쩍 넘고, 춥고 건조한 겨울은 무려 4개월 가까이 이어진다. 기나긴 겨울 동안 김장김치를 신선하게 저장하기 위한 지혜가 필요했다. 저장 장소를 마련하지 못하고 야외에 둔다면 얼어 버리거나 혹은 얼고 녹고를 반복하며 김치가 상할 수 있었다. 그렇다고 해서 집 안에 둘 수도 없었다. 장기 저장을 위해서는 저온을 유지해야 한다는 것을 당시 사람들도 잘 알았다.

앞서 말했듯 땅에 묻는 김장독은 김장김치를 오래 저장하기 위해 우리 선조들이 고안해 낸 발명품이었다. 땅속 흙은 한겨울의 추위를 막아주었고, 옹기로 된 김칫독은 통풍이 잘 돼 적당한 습도로 이산화탄소의 발생을 조절해주었다. 김장독은 저장뿐만 아니라 발효 증진에도 도움을 줬던 것이다.

달라진 김장 풍경

최근 들어 김장문화가 급격히 달라지고 있다. 두드러진 변화는 김장하는 배추 양의 감소이다. 수백 포기에서 점차 몇십 포기 정도만 담그거나 아예 담그지 않는 집도 늘고 있다. 이러한 변화는 여러 가지 요인이 복합적으로 얽혀 나타났다.

냉·난방 기술, 농산물 재배 기술, 교통·유통 등의 발달로 풍부해진 먹을거리는 김치 소비량의 감소로 이어졌다. 냉·난방 시설이 늘고, 농업기술이 눈부시게 발전하면서 한겨울에도 신선한 채소를 손쉽게 구할 수 있으니 사실상 김장의 필요성은 없어졌다. 또한 교통 및 유통의 발달은 전 세계의 먹을거리를 우리의 식탁으로 가져다주어 김치를 선택할 기회가 자연히 줄어들 수밖에 없었다.

가족의 형태 변화와 김치의 상품화도 김장문화를 바꾸었다. 핵가족화가 진행되면서 가족 구성원의 수가 감소했고, 최근에는 1인 가구도 빠르게 증가하고 있다. 가족 구성의 변화는 김장 규모를 줄이거나 김장을 하지 않는 배경으로 작용했다. 여기에 더하여 상품 김치의 시장이 커지면서 김장을 하지 않는 사람들에게 훌륭한 대안이 제공되었다.

한편 김장하는 집이 줄어들면서 김장문화도 달라졌다. 예전처럼 배추를 사서 직접 다듬고 절이는 대신, 절임배추부터 김장 양념까지 모든 농산물을 직거래로 구입해 간편하게 김장을 하려는 사람들이 늘고 있다. '간편한 김장'에 대한 수요는 배추 재배 농가들의 소득과 수익성 개선으로 이어지는데, 이 가운데 주목할 만한 것이 '절임배추'다. 김장에서 가장 힘든 작업은 배추를 다듬고 쪼개서 소금에 절였다가 다시 씻어 물기를 빼내는 과정이다. 이 과정은 단순 작업의 반복처럼 보이지만 일정한 배추의 크기와 영근 정도에 따라 소금의 양을 조절해야 해서 실상은 상당히 까다로운 작업이다. 게다가 배추를 절이려면 일정 정도의 공간과 조리 도구가 필요한데 공동 주택의 확대, 베란다 및 욕조의 축소·미설치 등의 경향으로 김장할 여건이 달라졌다. 이러한 상황에서 절임배추 판매는 농가와 가정 양쪽의 고충을 해결해주었다. 농가는 가공식품을 제조·판매하여 소득을 올렸고, 가정은 김장 준비의 수고를 상당 부분 덜 수 있었다.

전반적인 김장 규모의 축소는 상대적으로 김장김치의 희소성을 상승시켰다. 번거롭고 힘들더라도 일단 김장을 하고 나면 한동안 김치 걱정이 없다는 사실에 든든할뿐더러 주변 사람들의 부러움을 사기도 한다.

김장이 끝나면 집집마다 김장김치가 오간다. 부모와 자녀, 친지, 이웃끼리 서로 나누어주기도 하고 바꿔 먹기도 한다. 사회 변화에 따라 김장문화가 빠르게 바뀌고 있지만, '여럿이 함께 정성껏 만들어 두루 나누어 먹는다'는 김장문화의 가치는 계승되고 있는 것이다.

김장,
김치 담그기와 나누기

2013년, 한국의 김장문화가 유네스코 인류 무형문화유산으로 지정되었다. 유네스코는 교육, 과학, 문화 등 지적 활동 분야에서 국제 협력을 이끌어 세계 평화와 인류 발전을 도모하기 위해 만든 유엔의 전문 기관이다. 유네스코는 인류가 보존해야 할 유형, 무형의 유산을 심사해서 지정한다.

유네스코가 지정·관리하는 유·무형의 유산은 세계유산, 무형문화유산, 세계기록유산으로 나뉘며, 그 가운데 우리나라 문화유산으로는 '종묘'(1995년)와 '해인사장경판전'(1995년)을 시작으로 15개의 세계유산, 《훈민정음해례본》을 포함한 16개의 세계기록유산이 있고, 무형문화유산으로는 '김장, 김치를 담그고 나누는 문화'(2013년)를 포함한 21개가 등재되어 있다.

김장의 풍습에 담긴 인류 보편적 가치

김치가 아닌 김장이 문화유산으로 지정된 것은, 김치를 함께 담가 나누어 먹는 것 자체가 이웃 간 나눔의 정신, 가족 간의 결속, 한 사회 구성원으로서 갖는 유대감 등 인류 보편적 가치를 포함하고 있기 때문이다. 유네스코는 김장이 가족의 일상 속에서 여러 세대에 걸쳐 전해 온 문화이며, 자연의

산물을 창의적으로 이용하는 활동이고, 다양한 공동체의 소통을 끌어내며 한국인의 정체성을 대표하는 풍속이라는 점, 전통문화인 동시에 현재까지 이어져 내려오는 살아 있는 문화라는 점을 높이 평가했다.

김장문화의 특별한 점은 겨울나기를 위한, 다시 말해 생존을 위한 식량임에도 불구하고 '나눈다'는 점이다. '더 많이'라는 개인적 욕망을 내려놓고 '함께'라는 가치를 내세워 서로 연대하는 것이다. 연대의 대상에는 차별이 없었다. 노동력이 필요한 쪽과 김치가 필요한 쪽이 모여 김장김치를 담갔고, 각자의 몫을 나눴다. 노동력을 제공하고 김치를 얻어 가는 것은 개인과 공동체 모두의 이익이었다.

인류가 지켜야 할 문화유산, 한반도의 김장문화

김장은 자연에 적응해 살아남으려는 치열한 고민과 더 신선한 음식을 오래 두고 먹겠다는 욕망 등이 맞물리면서 얻어 낸 공동체의 지혜다.

한반도는 사계절이 뚜렷하고 산·바다·강 등 지리적 특성이 두드러져 계절마다, 지역마다 거둬들이는 생산물이 달랐다. 한반도를 삶의 터전으로 삼았던 사람들은 어떤 생산물이든 가장 신선하고 수확량이 많은 제철에 김치로 담갔다가 오래 두고 함께 나누어 먹는 김장문화를 일구어 냈다.

한반도에 사는 사람이라면 누구나 공유하는 김장문화는, 우리가 신청한 '김장, 김치를 담그고 나누는 문화'가 여러 차례 까다로운 심사를 거쳐 2013년 12월 5일 유네스코 인류 무형문화유산으로 등재된 데 이어, 2015년에는 북한의 '김치 담그기 전통'까지 유네스코에 등재되면서 남·북한이 함께 소중히 간직할 인류의 문화유산임을 재차 확인하였다.

김치와 파오차이,
그리고 기무치

김치가 우리나라 음식이라는 사실은 전 세계에 널리 알려져 있다. 그런데 간혹 김치를 자기네 것이라고 주장하는 이들이 있다. 이런 이야기는 특히 우리와 바로 이웃한 중국과 일본에서 나오곤 한다. 때는 바야흐로 2000년, 김치의 국제식품규격CODEX 제정 당시 규격명을 두고 한국과 일본 사이에 묘한 신경전이 있었다. 당시 일본은 그들의 발음대로 'Kimuchi'를 주장하였고, 한국은 'Kimchi'로 해야 한다고 맞섰다. 결국 최종 김치 규격명은 'Kimchi'로 결정되었다. 한국이 김치 종주국이니 어찌 보면 당연한 결과였다. 그로부터 20년 후, 이번에는 중국발發 김치 종주국 논란이 다시 일어났다. 2020년 '파오차이'의 산업표준이 제정된 것을 "파오차이가 김치 국제표준을 획득했다"고 중국 언론에서 보도하면서 김치가 중국에서 비롯된 음식이라는 주장이 제기된 것이다.

　　동아시아의 세 나라 한국, 중국, 일본은 서로 붙어 있는 탓에 여러 면에서 밀접한 영향을 주고받았고, 이는 음식에 대해서도 마찬가지였다. 실제로 세 나라 모두 비슷한 기후, 문화권이기에 같은 재료로 만들어 먹는 음식들이 많다. 하지만 재료가 같다고 해서 나라마다 음식이 구별되지 않는 것은 아니다. 각 나라의 문화가 다르듯 음식 또한 구별된다.

김치는 오랜 세월 한반도에 살았던 사람들이 거주 지역의 특성에 따라 만들고, 먹고, 계승·발전시켜 온 우리의 음식이자 문화 그 자체다.

중국의 채소 절임, 파오차이

2020년 11월, 중국 관영매체 〈환구시보环球时报〉는 중국 음식 파오차이에 대한 국제표준화기구ISO 산업표준이 인가認可된 것을 전하면서 "쓰촨四川성의 파오차이가 김치의 국제표준으로 인정받았다"고 보도했다. 하지만 이는 사실이 아니었다. 파오차이의 ISO 규격을 자세히 보면 "This document does not apply to Kimchi(해당 표준은 김치에 적용되지 않는다)"라는 문구가 적혀 있다. 이후 BBC 등 외신에서도 이 기사가 오보라고 전하면서 논란은 잠잠해지는 듯했다.

하지만 중국인들은 이후에도 김치가 자기네 음식이라는 억지 주장을 계속하고 있다. 바로 온라인에서다. 중국의 유명 유튜버 리쯔치李子柒는 김치와 김치찌개 조리 영상을 올리면서 'Chinese Cuisine(중국 요리)' 'Chinese Food(중국 음식)'란 해시태그를 달았다. 중국 최대 포털사이트 바이두百度의 백과사전에는 '김치가 삼국시대에 중국에서 전해졌다'는 설명이 달려 있다. 김치를 중국 음식 파오차이의 한 종류라고 주장하는 것이다.

파오차이는 산초 잎 등 향신료를 넣고 끓인 소금물에 각종 채소를 절인 식품이다. 우리가 흔히 먹는 피클과 비슷하다고 생각하면 쉽다. 끓여서 살균한 데다 고농도의 소금물을 사용하다 보니 김치만큼 미생물 증식이 원활하지 않아 유산균 수가 숙성된 김치에 비해 100분의 1에서 1000분의 1 수준에 불과하다.

'채소 절임'은 사계절이 있어 오랜 기간 식품을 저장해야 하는 기후대의 농경문화권 국가에 보편적으로 존재하는 식문화다. 한국의 김치, 중국의 파오차이, 독일의 사워크라우트, 일본의 쓰케모노つけもの·漬物 등이 대표적이다. 하지만 한국의 김치는 여타 다른 채소 절임 음식들과는 다른 방향으로 변화·진화했다. 다른 절임 식품은 단순히 절임액에 채소를 절여 먹는 것에 그친 반면, 김치는 절인 채소를 세척하여 물기를 제거한 후에 다시 양념을 더함으로써 발효를 극대화하였다. 그 결과 단순 절임 식품에서는 맛볼 수 없는 다양한 발효미가 가미된, 타국의 채소 절임 식품에서는 찾아볼 수 없는 매우 독특한 음식 문화로 발전한 것이다.

김치와 일본의 기무치

기무치キムチ는 김치를 일본어로 표기한 것으로, 받침 사용이 어려운 일본어의 특성상 김치의 '김'을 '기무キム'로 표기하고 발음한 것이다.

그런데 과거에 일본이 기무치가 김치의 원조라는 주장을 펼친 적이 있다. 바로 1988년 서울 올림픽 공식 식품으로 김치가 지정되었을 때다. 마침 일본을 방문한 빌 클린턴 미국 대통령의 만찬 식탁에도 기무치가 올랐다. 일본은 1996년 애틀랜타 올림픽과 1998년 프랑스 월드컵대회에도 기무치를 공식 식품으로 신청했고, 국제식품규격 표준으로 '기무치Kimuchi'를 등록하기 위해 노력하기도 했다. 하지만 국제식품규격위원회는 2001년 한국의 '김치Kimchi'를 국제식품규격으로 제정했다.

기무치는 우리 김치가 일본 현지 특성에 맞게 토착화된 음식이다. 소금으로 간을 한 절임배추에 설탕과 식초 등을 넣고 버무린 '겉절이'라고 볼 수 있다. 일제강점기 때 일본으로 건너간 재일교포들을 통해 김치를 접한 일본인들이 자신들의 입맛에 맞게 변형한 것이다. 일본에서 구하기 힘들던 고춧가루와 마늘 같은 양념 채소, 익숙하지 않은 젓갈은 빼고 단맛을 더했다.

일본은 1950년대 이후 경제가 급속도로 성장하자 외식, 식품 산업이 발달하면서 육류 소비량이 크게 늘었다. 일본인들이 고기를 즐겨 먹게 되면서 느끼한 고기 맛을 잡아주는 기무치가 큰 인기를 끌었고, 이후 태어난 일본인들은 기무치를 자기네 음식으로 여기게 되었다.

하지만 1980년대 후반, 일본에 매운맛 열풍이 불면서 한국 김치의 인기가 높아졌고 이후 한일 양국의 문화 교류가 활발해지면서 일본은 한국산 김치를 본격적으로 수입하게 되었다. 그리고 이제 일본은 한국 김치와 일본 기무치의 차이를 인정하고 기무치를 '한국 김치의 일본식 변형'으로 여기고 있다.

11월 22일은
'김치의 날'

한글을 기념하는 한글날이 있는 것처럼 김치도 기념일이 있다. 바로 11월 22일이 '김치의 날'이다. 때마침 김장철이기도 한 11월 22일은, 하나(1) 하나(1)의 재료가 모여 면역 증강, 항산화, 항비만, 항암 등 22가지 효능을 갖췄다는 뜻에서 정해졌다.

김치산업과 '김치의 날'

'김치의 날'은 2007년 한국김치협회에서 선포한 이후 김치산업진흥법이 제정되면서 2020년에 식품 최초 법정 기념일이 되었다.

'김치의 날'에는 다양한 행사들이 열린다. 농림축산식품부가 주관하는

✓ 김치산업진흥법

김치의 품질 향상과 김치 문화의 계승·발전 등 김치산업의 진흥에 필요한 사항을 정하여 김치산업의 경쟁력을 강화하고, 김치의 세계화를 촉진하며, 농어업의 부가가치를 높여 농어업인의 소득 증대와 국가 경제 발전에 이바지함을 목적으로 제정되었다.
(법률 제10884호, 시행 2012년 1월 22일)

기념식에서는 김치산업의 우수한 성과를 격려하고, 김치산업에 공을 세운 이들에게 시상하며, 김치를 널리 알리기 위한 김치요리 대회와 김치 관련 세미나도 열린다.

'김치의 날' 행사는 비단 우리나라에서만 열리는 것이 아니다. 영국, 프랑스, 러시아, 베트남, 호주, 미국 등지에서도 '코리아 김치페스티벌'이 열린다.

해외로 뻗어 나가는 '김치의 날'

2021년 8월 23일 미국 캘리포니아주 하원의회에서 매년 11월 22일을 '김치의 날'로 지정하는 결의안이 통과되면서 해외 최초로 '김치의 날'이 제정되었다. 최석호 하원의원이 대표 발의하고 샤론 퀴크실바Sharon Quirk-Silva 하원의원, 데이브 민Dave Min 상원의원 등이 참여한 '캘리포니아주 김치의 날' 결의문에는 "한국은 김치 종주국Korea is the country of origin of kimchi"이라는 점을 명문화했다. 또한 김치의 기원과 2013년 유네스코 인류 무형문화유산에 등재된 '김장문화'를 언급했고, 김치는 프로바이오틱스·칼슘·비타민 등의 공급원이며, 면역 증강 효능이 있다는 내용도 담았다. 특히, 캘리포니아주의 '김치의 날' 제정은 김치가 한국의 대표 음식임을 국제 사회에 알리는 데 중요한 역할을 했다는 점에서 더욱더 큰 의미가 있다. '김치의 날'은 캘리포니아주를 시작으로 2022년 2월에는 버지니아주와 뉴욕주에서, 그리고 6월에는 워싱턴 D.C.에서도 지정되었다.

김치에 대한 미국인의 인식이 예전에는 '냄새나는 이민자의 식품'이었다면, 이제는 '한 번은 맛보아야 할 건강한 식품'으로 전환되면서 미국에서 김치 수요가 폭발적으로 증가하고 있다. 이러한 변화는 한국 문화에 대한 관심과 더불어 한국이라는 국가의 브랜드파워를 높이는 데 기여할 것이다.

지역마다 즐기는 김장문화 축제

'김치의 날'이 다가오면 지역마다 김장문화제나 김치축제 같은 행사들이 열린다. 김치축제에서는 김치를 함께 담가 보거나 다양한 김치를 맛보는 체험 프로그램이 많다. 여기에 아이디어가 참신한 프로그램들이 매해 더해져 김치축제가 나날이 풍성해지고 있다.

우리나라에서 열리는 김치축제 가운데 가장 많은 이들이 주목하는 축제가 바로 '광주세계김치축제'다. 2004년에 시작되어 해마다 열리는 이 축제에서는, 김치 솜씨를 겨루는 김치요리 경연대회, 김치 명인 요리 특강, 어린이들과 함께하는 김치 교실 등이 열린다. 참가자들은 김치 전시관과 직거래 장터에서 김치를 살펴보고 구입할 수도 있다. '김치송'에 맞춰 춤을 추

──────── 광주세계김치축제 중 김치요리 경연대회 대통령상 수상작

와송수삼 백김치
최상심(2016년)

낙지전복 비늘김치
김호옥(2005년)

는 '김치송 댄스 챌린지'도 축제의 흥을 돋운다. 2021년 축제에서는 미국, 중국, 일본, 프랑스, 뉴질랜드, 괌 등 총 11개 국가와 줌zoom으로 연결해 김치를 담그는 '글로벌 K-김치 아카데미'도 열렸다.

하동에서 열리는 '알프스하동김치축제'에서는 미리 준비된 절임배추와 양념으로 참가자들이 함께 김장을 해서 가져갈 수 있다. 코로나19로 인해 모일 수 없었던 2020년에는 절임배추, 양념, 앞치마 등이 들어 있는 김장 밀키트를 보내 집에서 김장을 체험할 수 있도록 했다.

'진안고원김치보쌈축제'에서는 진안 지역에서 생산된 고랭지배추와 신선한 채소로 담근 김치를 홍보하고 판매하며, 청소년들이 김장 담그기를 체험한 뒤 어려운 이웃들과 김치를 나누는 행사도 진행하고 있다.

꼭 축제에 참여하지 않더라도 '김치의 날' 하루만큼은, 오랜 세월 우리 곁을 지키며 몸과 마음을 풍성하게 채워준 김치를 생각하면서 밥상 한가운데에 김치요리를 놓아 보는 건 어떨까.

방방곡곡
김치 맛 탐험

우리나라는 세 면이 바다로 둘러싸인 반도이며, 북동쪽에는 높은 산맥들이, 남서부에는 강을 따라 드넓은 평야가 펼쳐져 있다. 여기에 뚜렷한 사계절과 복합적인 기후가 더해져 지역마다 특색 있는 음식 문화가 생겨났다.

　김치는 원래 제철에 나는 채소들을 오래 두고 먹기 위해 담갔다. 그렇기 때문에 그 지역에 어떤 재료가 나는지에 따라, 기온과 일조량, 바람 같은 날씨 조건에 따라 다르게 발전해 왔고, 덕분에 수백여 종의 김치가 생겨났다.

정갈하고 고급스러운 서울과 경기도 김치

서울 지역은 5백 년 이상 우리나라 문화의 중심지였다. 궁중 음식과 양반가 음식의 영향을 받아 정갈하면서도 고급스러운 김치가 발달했다. 궁궐이 있었던 서울은 전국 각지에서 생산되는 재료들이 모이는 곳이었다. 조선시대에는 조운선漕運船과 사선私船을 타고 지역의 특산물이 서울로 운송되었는데, 지역 특산물이 서울로 모였다가 전국 각지로 흩어지는 관례는 근대사회에 와서도 계속되었다. 따라서 서울 지역은 전국의 재료가 서로 혼합되어 다른 지역에서는 볼 수 없는 다양한 김치가 만들어졌다.

경기도는 서해안의 해산물과 비옥한 평야, 산에서 나는 산나물 등이 모두 김치의 재료로 쓰였다. 총각김치와 개성의 보쌈김치가 유명하다. 수삼으로 담그는 수삼나박김치, 무에 비늘 모양 칼집을 내서 만든 비늘김치, 순무김치, 게걸무김치 등 다양한 종류의 김치를 담가 먹었다.

담백한 충청도 김치

충청도는 내륙 지역과 해안가를 끼고 있는 지역의 김치가 다르다. 재미있는 것은 내륙 지역에서도 한강과 금강 주변의 지역은 해안가의 김치와 유사한 양상을 띤다. 요즘은 지역 간 인적·물적 교류의 대부분이 육상 교통으로 이루어지지만, 전근대에는 강과 바다를 이용하는 수상 교통이 대부분이었다. 덕분에 내륙이라도 남한강·금강과 인접한 곳은 서해산의 조기젓, 황석어젓, 새우젓 등을 김치에 넣을 수 있었다.

반면, 수상 교통의 혜택을 받지 못하는 지역은 각종 재료가 귀하여, 양념의 비율이 적은 김치를 담갔다. 무·배추에 다른 양념 없이 소금과 고추씨정도만 넣은 짠지를 담그게 된 데에는 이러한 지리적 특성이 작용한 것이다.

맵고 짠맛이 강한 경상도 김치

경상도는 지리적으로 동해와 남해를 접하고 있고 낙동강을 끼고 있다. 하지만 태백산맥이 넓게 자리하고 있어 동해안의 해산물이 산을 넘어오기가 어려웠고, 마을이 산과 산 사이에 자리하고 있어 낙동강을 타고 온 수산물 또한 얻기가 쉽지 않았다. 경상도는 재료 유통의 문제가 걸린 데다, 남쪽 지

지역별 김치 종류

평안도 김치
날씨가 추워 소금을 적게 넣고 고기 삶은 육수를 넉넉하게 부어 김치를 담갔다. 시원한 동치미에 국수 말아 먹는 걸 즐겼다.

함경도 김치
해산물이 풍부해 젓갈 대신 생태나 가자미, 대구 같은 싱싱한 생선을 김치 담글 때 넣었다. 추운 지역이라 소금을 적게 넣고 국물을 넉넉하게 부어서 담갔다.

황해도 김치
수산물이 풍부하고 과일이 많이 나지만 김치는 수수하고 담백하게 담갔다. 간을 심심하게 하고 산초나무 열매나 고수를 양념으로 쓰기도 했다.

경기도 김치
서해안의 해산물, 비옥한 평야와 산에서 나는 각종 나물을 모두 김치로 담가 먹었다.

강원도 김치
영서 지역의 산간 마을에서는 더덕·질경이 같은 산나물로 소박하게 김치를 담갔고, 수산물이 풍부한 영동 지역에서는 젓갈 대신 오징어나 명태, 대구 등 싱싱한 해산물을 넣어 시원한 김치를 담가 먹었다.

서울의 김치
궁궐이 있던 서울은 전국 각지의 생산물이 모여들어 다양한 김치가 만들어졌다. 왕실과 양반가 문화의 영향을 받아 정갈하면서도 고급스러운 김치가 발달했다.

충청도 김치
서해안이나 남한강·금강 부근 지역은 다양한 젓갈과 재료로 김치를 담근 반면, 뱃길에서 먼 내륙 지역은 별다른 양념 없이 무나 배추 짠지를 주로 담가 담백하게 먹었다.

경상도 김치
바닷가를 끼고 있어 해산물이 풍부하지만 태백산맥에 가로막힌 데다 날씨가 따뜻해 김치에 젓갈과 소금, 고춧가루를 많이 넣었다. 단맛이 나는 다른 재료를 쓰지 않아 물기가 적고 짠맛이 강하다.

전라도 김치
먹을거리가 풍부한 전라도는 김치에도 다양한 재료를 넣었다. 더운 날씨에 빨리 시어지지 않도록 김치를 맵고 짜게 담갔지만, 젓갈을 달여 넣거나 찹쌀죽을 섞어 보다 깊은 감칠맛을 냈다.

제주도 김치
날이 따뜻하고 사계절 내내 푸른 채소를 구할 수 있어 김치가 그다지 발달하지 않았다. 전복과 유자를 넣어 담그는 전복김치와 해물김치가 제주도의 특산 김치로 알려져 있다.

역의 특성상 기온이 높아 재료의 부패 방지를 위해 소금과 젓갈, 고춧가루를 듬뿍 넣어야 했다.

소금 사용량에 비해 상대적으로 단맛이 나는 과일과 곡물죽 등의 비중은 작고, 기타 부재료들의 사용 또한 많지 않았다. 그러다 보니 맵고 짠맛이 도드라졌는데, 이러한 경향은 경상도 북쪽의 산간 내륙 지역으로 갈수록 짙어졌다.

풍성한 남도의 맛, 전라도 김치

전라도는 드넓은 평야와 서·남해안을 접하고 있어 먹을거리가 풍성하고 음식 문화가 다양하게 발전해 왔다. 만경강·동진강·영산강·섬진강 등을 통해 내륙의 채소와 서·남해안의 수산물들을 쉽게 구할 수 있었기 때문이다.

특히 곡창지대의 풍부한 쌀은 김치에 찹쌀풀을 넣는 제조법을 탄생시켰다. 따뜻한 날씨 속에서 김치가 빨리 익지 않도록 양념을 많이 써서 맵고 짜지만, 찹쌀풀 사용으로 단맛이 더해지면서 전체적으로 감칠맛이 강한 것 또한 남도 김치의 특징이다.

한편, 전라도는 다른 지역과 달리 김치의 순우리말 형태인 '지히'의 어형이 사용되고 있다. 대부분의 지역에서 '지'는 섞박지처럼 종속어미로만 사용되는 데 반해, 전라도에서는 김치를 뜻하는 말로 '지'를 단독으로 사용하고 있다. 맛뿐 아니라 언어학적으로도 전라도를 주목해야 할 이유다.

강원도 김치의 소박하고 시원한 맛

강원도의 김치는 태백산맥을 기준으로 영서와 영동 지역이 다르게 발전했다. 산간 마을이 주를 이루는 영서 지역에서는 더덕·질경이처럼 산에서 나는 채소와 나물들로 소박한 김치를 담갔고, 수산물은 풍부하지만 젓갈 문화가 발달하지 않은 영동 지역에서는 명태·대구·오징어 등이 젓갈 대신 사용되었다. 명태·대구는 다른 음식에 사용되지 않는 아가미와 내장이 주로 사용되었는데, 버려지는 부분을 활용한 삶의 지혜가 엿보인다.

김장을 많이 하지 않는 제주도

제주도는 섬이라는 특색에 맞게 김치에 해산물이 듬뿍 들어가고 국물이 흥건한 것이 특징이다. 전복과 유자를 넣어 담그는 전복김치와 해물김치가 제주도의 특산 김치로 알려져 있다. 사계절 내내 푸른 채소를 구하기 쉬워 굳이 김치를 오래 저장할 이유가 없었다.

김치는 지역과 기후에 맞게 발전해 왔다. 지역에 따라 어떤 젓갈을 넣는지, 어떤 특별 재료를 쓰는지, 양념소를 얼마나 넣는지 다 다르다. 다양한 지역의 김치들을 최근에는 손쉽게 구할 수 있다. 특히 코로나19로 인해 비대면 접촉이 늘어나면서 온라인 쇼핑이 활발해져, 집에서 맛볼 수 있는 각 지역의 이색 김치의 가짓수 또한 늘어났다.

할머니에서 어머니로 전해지는 우리 집 김치 맛이 마음을 따뜻하게 채워주는 힘이 있는 것처럼, 여러 지역의 독특한 김치 맛은 새롭고 신선한 즐거움을 선사해줄 것이다. 다양한 김치들을 맛보다 보면 새로운 맛의 향연과 색다른 맛의 변주를 꿈꿀 수도 있지 않을까?

김치의 통일을
꿈꾸다

춥고 긴 겨울, 부족한 물자, 우리와 사회제도 및 문화가 다른 곳.

'북한'이라 하면 많은 이들이 이런 이미지들을 떠올릴 것이다. 70년 이상 다른 체제로 따로 살아왔기 때문에 때론 낯선 감정이 앞설 것이다. 하지만 북한과 남한이 같은 말과 글을 쓰는 한민족이라는 사실은 누구도 부인할 수 없다. 말과 글뿐인가. 먹는 음식도 거의 비슷하다. 특히 김치가 그렇다. 겨울이 시작될 무렵 떠들썩한 김장 풍경과 속이 답답할 때 마시는 동치미 한 그릇, 한여름 열무김치의 맛은 윗녘이든 아랫녘이든 한반도에 사는 이라면 누구나 잘 알 것이다.

북쪽의 반년 식량, 김치

기나긴 겨울을 나기 위해 북한에서는 김장철이면 집집마다 수백 포기씩 김장을 했다. 그래서 예전에는 김치를 '반년 식량'이라고 부르기도 했다. 따뜻한 날씨를 대비해야 하는 남쪽에 비해 북쪽의 낮은 기온은 김치의 발효를 늦춤과 동시에 쉽게 시어지지 않도록 했다.

북쪽 지방의 김치는 양념을 적게 넣어 맛이 담백하다. 평안북도 출신

시인 백석은 '돌나물김치에 백설기'를 먹으며 자랐고, 고향의 겨울밤을 "김치 가재미선 동치미가 유별히 맛나게 익는 밤"이라고 표현하기도 했다. 백석이 말한 평안도의 동치미는 고기 삶은 육수를 부어 만드는 것으로 유명하다. 동치미에 메밀 면을 말아 먹었던 것이 오늘날 우리가 즐겨 찾는 '평양냉면'의 시작이다. 시원하게 익은 동치미에 국수를 말아 먹는 장면도 백석의 시 곳곳에 등장한다.

접시 귀에 소기름이나 소뿔 등잔에 아즈까리 기름을 켜는 마을에서는 겨울밤 개 짖는 소리가 반가웁다

이 무서운 밤을 아래 웃방성 마을 돌아다니는 사람은 있어 개는 짖는다

낮배 어니배 치코에 꿩이라도 걸려서 산 너머 국숫집에 국수를 받으러 가는 사람이 있어도 개는 짖는다

김치 가재미선 동치미가 유별히 맛나게 익는 밤

아배가 밥참 국수를 받으러 가면 나는 큰마니의 돋보기를 쓰고 앉아 개 짖는 소리를 듣는 것이다.

— 〈개〉, 백석

평안도 김치는 소금을 적게 넣고 국물을 넉넉하게 부어 시원한 맛을 즐길 수 있도록 담근다. 추운 날씨 덕에 김치가 빨리 시어지지 않기 때문이다. 평안도에서는 고춧가루를 넣지 않고 국물이 흥건한 백김치, 고기 삶은 육수를 부어 담근 무청김치, 시원한 동치미도 즐겨 먹는다.

황해도는 수산물이 풍부하고 과일도 많이 나는 지역으로 알려져 있다.

다양하고 맛깔나는 음식들로 유명한데 유독 김치만은 수수하고 담백하게 담근다. 간을 심심하게 하고, 산초나무 열매와 고수를 양념으로 쓰기도 한다. 또한 호박김치, 고수김치, 감김치 같은 특별한 김치도 담가 먹는다. 그중 늙은 호박과 무청, 우거지를 넣어 담그는 호박김치는 된장을 조금 풀어 넣고 찌개를 끓여 먹는 것이 더 별미다.

함경도 해안가에서는 생선이 풍부해 젓갈 대신 생태나 가자미, 대구 같은 생선을 김치에 넣는다. 우리나라 북쪽 끝에 있는 추운 지역이라 김장도 11월 초에 빨리 담그며, 평안도와 마찬가지로 동치미에 국수를 말아 먹는 것을 즐긴다. 꿩고기를 얇게 저며 오이, 쇠고기, 죽순, 표고버섯 등으로 버무린 꿩김치와 콩나물로 담그는 콩나물김치도 유명하다.

통일을 기다리는 김치

요즘 북한에는 김치 공장들이 들어서고 있다. 평양은 물론이고 각 도마다 공장이 세워지면서 상품 김치가 대중화되고 있다. 북한의 김치산업은 남한에 비하면 규모나 시설 면에서 아직 미미한 수준이지만 앞으로 성장 가능성이 매우 크다. 연평균 기온이 낮고 산간 지대가 많은 북한의 지리적 특성이 서늘한 곳에서 잘 자라는 배추를 재배하기에 적합해서다.

만약 통일이 되어 남한과 북한이 서로 부족한 부분을 보완해준다면 김치산업의 미래는 한층 밝을 것이다. 북한은 해발 700m 이상에서 여름배추를 생산할 수 있고, 남한은 젓갈과 소금, 채소들이 풍족하다. 여름에도 맛좋은 배추를 얻을 수 있다면, 생산량 증가와 맛이라는 두 마리 토끼를 모두 잡는 것도 그다지 어려운 일이 아닐 것이다.

또한 통일이 되면 온라인을 통해 신의주·함흥·부산·제주 등의 독특한 김치를 서로 맛볼 수 있을 것이고, 전 세계 사람들은 남한의 김치와 북한의 김치가 어우러진 특별한 맛의 새로운 김치를 먹게 될지도 모른다.

남한과 북한의 김장문화가 유네스코 인류 무형문화유산에 제각기 등재된 사실은 자랑스러운 일인 동시에 굴곡진 우리 현대사의 아픔이 드러난 일이기도 하다. 하루빨리 통일이 되어 하나의 인류 무형문화유산으로 등재되길 기대해 본다.

세계 곳곳의
김치 담그기 열풍

영국 왕실의 수석 셰프 마크 플래너건은 주영 한국대사관과 요리학교인 웨스트민스터킹스웨이대학Westminster Kingsway College이 주관한 행사에 참여해 김치를 담근 적이 있었다. 당시 그의 소감은 "김치를 버킹엄궁 메뉴에 올리고 싶다"는 것이었다.

버락 오바마 전 미국 대통령의 부인 미셸 오바마는 백악관 텃밭에서 수확한 배추로 직접 김치를 담근 뒤 SNS에 김치 사진과 김치 담그는 법을 올린 일도 있다.

요즘 유튜브에서는 세계 곳곳의 유명 유튜버들을 비롯해 김치 맛에 푹 빠진 외국인들의 김치 담그는 영상을 심심치 않게 찾아볼 수 있다.

어렵지만 재미있는 김치 챌린지

핀란드 헬싱키의 한 주민센터에서는 김치를 직접 담그고 맛보는 체험 행사가 매달 열린다. 2019년부터 시작된 이 행사에는 김치를 만들고 맛보려는 핀란드인들이 줄을 잇고 있다. 핀란드 사람들은 주로 육식을 해서 곡류나 채소 섭취가 적고 향신료도 즐겨 먹지 않는데, 김치는 고기와 곁들여 먹기 좋아 인기가 아주 높다.

　세계 여러 나라에 김치가 알려지고 김치 맛에 반한 사람들이 생기면서, 각국의 한국영사관에서는 김치를 직접 만들어 보려는 이들을 위해 김치 담그기 체험 행사를 열기도 한다. 이런 행사가 아니더라도 인터넷에서 김치 재료를 판매하는 한인마트와 조리법을 검색해 손수 김치를 담그는 세계인들도 갈수록 늘고 있다.

　그런데 간혹 김치의 특성을 잘 몰라서 낭패를 보는 이들이 있다. 미국이나 유럽은 보통 절임 음식을 병에 담아 보관하는데, 김치도 유리병에 담았다가 터졌다는 경험담이 인터넷에 종종 올라온다. 김치가 익으면서 생기는 이산화탄소 탓인데, 김치를 담그는 이들은 이런 사고도 즐거워하며 경험과 정보를 공유한다.

　배추와 무 같은 재료를 구하기 어려운 곳에서는 독특한 김치를 개발하기도 한다. 러시아에서는 당근김치를 담그는데, 이는 중앙아시아로 강제 이주한 한인들이 무 대신 당근으로 김치를 담가 먹은 데서 유래한 것이다. '마르코프차ᴍᴀᴩᴋᴏʙ-ча'라고 불리는 당근김치는 이제 러시아 전역에서 즐겨 먹는다.

러시아의 당근김치, 마르코프차

당근 말고도 유럽에서는 구하기 쉬운 콜라비나 래디시로 김치를 담그고, 새우젓을 구하기 어려운 곳에서는 말린 새우에 양파를 갈아 넣어 비슷한 맛을 낸다. 동남아시아에서는 배추와 무가 비싼 데다 구하기도 어려워 망고김치를 담가 먹는다. 덜 익은 그린망고는 단단하거나 무르지 않아 식감이 독특하면서 맛도 새콤해 김치를 담그면 의외로 맛이 좋다. 대개 깍둑썰기나 채썰기를 해서 김치를 담근다.

김치와 만난 세계의 음식들

김치는 세계 곳곳에서 다양한 요리로 변신 중이다. 나라마다 평소 자신들이 먹는 음식에 김치를 곁들이거나 함께 섞어 새로운 요리로 개발하는데, 김치가 어떤 음식과도 잘 어울리고 익숙한 맛에 새로운 느낌을 살려준다는 사실을 그들도 아는 것이다.

프랑스에는 한국 식재료를 섞어 새로운 요리를 선보이는 식당도 있다. 한 식당에서는 김치소스를 곁들인 랍스터 라비올리를, 또 다른 식당에서는

─────── **김치를 넣어 만든 음식들**

김치나베	**김치타코**	**김치핫도그**
김치 전골에 바삭한 돈가스를 넣고 끓인 일본식 냄비 요리.	얇은 옥수수 빵에 각종 재료와 김치를 볶아서 넣어 먹는 미국의 멕시코식 샌드위치.	길쭉한 빵 사이에 김치를 볶아서 넣고 소시지를 끼워 먹는 음식으로, 미국의 간편 간식.

김치가 들어간 라이스버거를 판다.

영국에서는 '김치 레시피 챌린지' 행사가 열린 적도 있다. 인기 요리사와 팝가수가 참여한 가운데 116명의 도전자가 김치 레시피를 겨뤘다. 최종 우승은 김치샥슈카와 김치와인밥을 만든 이들에게 돌아갔다. 샥슈카는 토마토소스와 각종 채소, 달걀, 향신료를 넣어 만든 스튜로, 지중해와 중동 지역에서 즐겨 먹는 음식이다.

일본의 김치나베나 미국의 김치타코, 김치핫도그는 이미 많은 이가 즐겨 먹는 음식이 되었다. 어떤 음식이나 맛에 두루두루 잘 어울리는 김치는 앞으로도 세계 각국의 음식과 만나 다양한 변주를 이어 나갈 것이다.

4부

김치와 산업 경제

김치를
사 먹는다고?

예전에도 대형마트의 반찬 코너에는 다양한 김치가 진열되어 있었다. 직접 김치를 담가 먹기 어려울 때, 김치가 마침 떨어졌을 때, 다른 김치를 맛보고 싶을 때면 마트의 상품 김치를 간편하게 이용했다. 그런데 언젠가부터 김치가 마트 진열대를 빼곡히 채웠다. 아예 단독으로 한 코너를 차지할 만큼 규모가 커진 것이다. 판매되는 양도 많아졌지만 종류도 무척 다양해졌다. 배추김치뿐만 아니라 각종 채소로 담근 김치들, 겉절이부터 묵은지까지 익힘 정도가 다른 김치들, 포기김치·썰은김치 등 썰기 정도가 다른 김치들…. 여행, 캠핑, 물놀이 같은 야외 활동을 할 때 편리하게 이용할 수 있는 소포장 상품 김치도 따로 마련되어 있다.

그뿐인가, 최근에는 온라인을 통해 각 지역에서 생산된 김치들이 우리의 식탁으로 올라오고 있다.

언제부터 김치를 사고팔았을까?

상품 김치의 역사는 무척 짧을 것 같지만, 사실 김치를 사고팔기 시작한 것은 꽤 오래전의 일이다. 앞서 살펴보았듯, 청나라를 다녀온 김창업의 기행문 《연행일기燕行日記》에는 "우리나라에서 귀화한 노파가 그곳에서 김치를 만들어 팔면서 생계를 유지하고 있는데 노파가 만든 동치미 맛이 한양의 동치미 맛과 같다"는 기록이 있다. 병자호란 때 유민으로 끌려가 청에 정착한 조선인의 후예였던 노파가 청나라에 사신으로 간 일행에게 김치를 판매한 것이다.

근대 이후 외국에서 김치가 처음 판매된 것은 1900년대 초반 하와이에서였다. 일제강점기 때 하와이로 이주한 한인 1세대들이 김치를 담가서 판 것이다. 하와이 교민들은 한인교회에 모여 함께 김치를 담가 먹었는데, 1919년 3·1운동 소식이 전해지면서 김치를 팔아 독립운동 자금을 마련하였다. 당시 하와이에 사는 포르투갈인, 일본인, 필리핀인들이 한국 교민들이 담근 김치를 사 먹었다는 기록이 있다.

그러다가 1930년대에 이르러 하와이 곳곳에서 김치 공장들이 문을

─────── **《연행일기》 표지와 본문**

조선 중기의 문인 김창업(1658~1721)이 집필한 기행문으로 《노가재연행일기》라고도 한다. 1712년(숙종 38년) 11월부터 5개월간 청나라 사신으로 가는 맏형 김창집과 동행하면서 보고 들은 바를 기록한 책이다. 자연 풍경과 문물, 풍속을 상세히 담고 있어 사료적 가치가 높다.

자료: 한국학중앙연구원

열었고, 김치의 인기는 날로 높아졌다. 1949년에는 하와이 빅아일랜드의 코할라 지역에 정착해 살던 한국 교민이 김치 제조업체 '코할라Kohala'를 설립했는데, 코할라 김치는 미국 본토에 판매되면서 김치가 국제적으로 알려지는 데 기여했다.

　1967년 한국에서는 베트남으로 파병되는 장병들의 전투 식량으로 통조림 김치를 개발하기도 했다. 김치 통조림은 1972년에만 175톤을 수출했고, 국내에서도 75톤이나 팔렸다고 한다.

　그후 중동 지역의 건설 노동자들을 위한 김치 통조림과 냉동 김치가 생산되었고, 1986년 서울 아시안게임과 1988년 서울 올림픽을 맞아 수출용 상품 김치가 본격적으로 출시되었다. 이 시기부터 시설의 기계화, 생산 공정의 자동화가 이루어지고 김치 포장 기술도 개선되어 병이나 비닐팩에 담을 수 있는 다양한 제품들이 생산되었다.

우리나라 사람들이 한 해 동안 먹는 김치의 양은 약 177만 5천 톤으로 조사되었다. 이중 집에서 직접 담가 먹는 김치는 약 108만 6천 톤이며, 구입하여 먹는 김치는 40만 7천 톤인 것으로 나타났다. 이중 소비자가 외식업체와 급식을 통해 먹는 상품 김치는 약 22만 5천 톤, 대형마트나 반찬가게, 인터넷쇼핑몰 등에서 구입해서 먹는 김치는 약 18만 3천 톤이었다.

또한 상품 김치를 생산하고 판매하는 업체는 6백여 개로, 김치업계에서 일하는 사람들은 1만 명 가까이 되며 전체 매출액은 1조 7,461억 원으로 알려졌다.

이처럼 상품 김치의 판매가 늘어난 데는 여러 가지 이유가 있을 것이다. 먼저 예전에 비해 가족 구성원의 수가 줄고 1인 가구가 대거 등장한 것을 들 수 있다. 단독주택에서 공동주택으로 주거 환경이 변한 것도, 맞벌이 가정이 늘고 노동 시간이 길어지면서 외식 횟수가 늘어난 것도 가정에서 김치를 담그지 않는 이유일 것이다. 실제로 가정에서 담그는 김치의 양은 감소하는 반면 상품 김치의 시장 규모는 해마다 평균 3.3%씩 커지고 있다.

수입되는 김치, 수출되는 김치

우리가 먹는 상품 김치는 의외로 수입 제품이 꽤 많다. 주로 중국의 산둥성, 랴오닝성, 허베이성 등지에서 생산한 김치를 들여오는데, 위생 문제가 자주 발생함에도 중국산 김치가 많이 팔리는 이유는 외식업체나 급식업체에서 값싼 김치를 찾기 때문이다. 하지만 최근 김치의 위생 안전성에 관심이 높아지면서 한국산 김치로 대체하는 업체들이 늘고 있다.

김치 무역수지는 2017년에 4천 8백만 달러 적자에서 2018년에 4천 1백만 달러, 2019년 2천 6백만 달러, 2020년 7백만 달러 적자로 해마다 그 폭이 감소하다가, 2021년에 드디어 1천 9백만 달러의 흑자로 전환되었다. 김치 수출은 지난 5년 동안 연평균 18%의 성장세를 보였다.

김치 수출이 꾸준히 증가하면서 수출 대상국도 더불어 확대되고 있다. 이전까지는 일본과 미국, 홍콩, 대만에 주로 수출했는데, 몇 년 전부터 김치가 '맛있는 건강식품'으로 알려지면서 유럽과 동남아시아 등지로도 수출량이 늘었다. 특히 김치가 코로나19의 증상 완화에 도움이 되고, 면역력 강화에도 효과적이라는 연구 결과가 발표된 뒤에는 김치 수출액이 크게 늘었다. 2021년 기준으로 89여 개국에 김치를 수출하고 있으며, 한 해 동안 김치 수출액은 1억 6천만 달러(약 1,900억 원) 규모였다.

─────── 지난 15년간 김치 수출입 실적과 무역수지(연 누계)

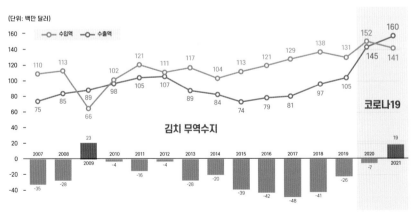

자료: 한국무역협회

깨끗하고 안전한 김치를 위한 '해썹'

김치는 별도의 조리 과정 없이 밥상에서 그대로 섭취하는 음식이므로 위생과 안전에 만전을 기해야 한다. 특히 다양한 재료가 사용되는 만큼 각종 오염에 노출될 가능성도 크기에 더욱 철저하게 관리해야 한다.

중국산 수입김치의 위생 상태에 관해서는 논란이 끊이지 않고 있다. 얼마 전에는 중국의 김치 공장 노동자가 알몸으로 절임통 안에 들어가 배추를 절이는 모습이 공개되어 사회적으로 논란이 일었다. 이후 우리나라에서는 김치 수입량이 줄고 국내산 김치 판매량이 늘었다.

한국의 모든 김치 제조업체들은 식품안전관리인증기준인 해썹_{HACCP,} Hazard Analysis and Critical Control Point을 적용해 김치를 만들고 있다. 해썹은 식품의 원재료 생산에서부터 소비자가 섭취하기 전까지 단계마다 식품의 안전성과 건전성, 품질을 관리하는 위생 관리 시스템이다. 또한 정부는 2021년 10월부터는 수입김치에 대해서도 해썹 인증을 의무화하는 등 수입김치 안전 관리를 강화하고 있다.

김치산업은 김치의 대량생산은 물론이고 다양한 방향으로 발전해 나가는 중이다. 예를 들어 기능성 재료들을 첨가한 건강 김치나 최고급 재료를 사용한 프리미엄 김치, 소비자의 입맛에 따라 소량씩 주문생산하는 맞춤 김치 등이 판매되고 있으며, 이에 대한 호응도 좋은 편이다.

김치와 산업 경제

김치가 공장에서 만들어지기까지

1. 준비 작업

김치의 재료가 되는 배추와 소금, 채소, 젓갈 들을 산지에서 선별한다. 김치 공장에 도착한 재료들은 입고 검사를 거쳐 공정에 들어간다.

2. 절단 작업

배추를 다듬으며 이물질이나 겉껍질, 뿌리 등의 부분을 제거한다. 선별한 배추는 가공 목적에 맞게 절단한다.

3. 절임 작업

절일 때는 소금을 사용한다. 절이는 방법은 소금물에 담갔다가 건져 내는 습식 절임과 그 후에 다시 소금을 뿌리는 건식 절임을 병행한다.

4. 세척 작업

6~10시간 절인 배추는 흐르는 물에 세척하며 염분을 뺀다. 이물질이 들어가지 않도록 조심스럽고 깨끗하게 작업한다.

5. 양념 제조 작업

김치 담그는 데 필요한 여러 부재료를 각자 다듬는다. 무, 고추, 마늘, 생강, 파 등은 잘 씻어 채를 썰거나 분쇄기로 다진다. 준비된 부재료들을 한데 넣고 혼합한다.

6. 양념 버무림 작업

양념을 배추 속에 넣고 묻히는 버무림 작업은 모두 수작업으로 진행한다. 염도는 2~3%가 되도록 조절하고, 금속 검출기 및 X-레이 검출기로 이물질을 제거하며 미생물 검사를 통해 위생적이고 안전한 제품을 생산한다.

7. 포장 출고

수출용 김치는 버무리기가 끝난 뒤 곧바로 포장하여 출고하지만, 주문·납품용은 어느 정도 김치가 익은 후에 포장·출고한다.

이제는
김치종균 시대

우리는 김치를 담글 때 김치유산균을 따로 넣지 않는다. 김치를 익게 하는 김치유산균은 애초에 김치의 원·부재료에 들어 있다. 자연에는 여러 미생물들이 살고 있고, 김치유산균도 그중 하나다. 채소를 소금에 절이는 과정에서 염분에 강한 김치유산균들만 살아남아 김치를 발효시키는 것이다. 이 말은 전통적인 방법으로는 김치유산균을 따로 고르거나 임의로 제어할 수 없다는 뜻이다.

항상 같은 김치 맛, 어떻게 낼까?

김치의 재료가 되는 채소와 젓갈 등은 계절에 따라 품질이 달라진다. 그렇기에 같은 조리법으로 김치를 담근다 하더라도 맛이 달라질 수밖에 없다. 재료의 맛도 다를뿐더러 주위 환경에 따라 발효를 주도하는 유산균의 종류도 달라서다. 이런 맛의 차이는 김치를 상품으로 파는 데는 민감한 문제가 된다. 이런 문제를 해결하기 위한 답이 바로 '김치종균'이다.

　　김치종균은 김치 발효를 인위적으로 조절하기 위한 미생물을 말하며, 주로 유산균을 종균으로 이용한다. 김치종균을 넣어 담근 김치는 품질이 균일하고 관능적 특성(맛)이 향상되며 품질 유지 기한도 연장된다.

김치산업의 힘, 김치종균

김치종균을 이용하면 김치의 발효 과정을 조절할 수 있다. 자연발효에 관여하는 여러 유산균 가운데 발효 특성(맛, 품질 유지 기한 연장, 균일화 등)이 우수한 균을 골라 종균으로 개발한 뒤 김치에 넣어주면 된다. 김치종균은 다른 유산균들이 활약하기 전에 미생물 환경을 선점하고 발효를 주도하여 김치의 발효 패턴을 안정화한다. 김치산업에 뛰어든 기업들은 당연히 김치종균 개발에 앞다투어 나섰다.

여러 김치유산균 가운데 가장 우수한 것, 다시 말해서 다른 유산균보다 강하고 만니톨(단맛이 나는 알코올 성분의 무색 고체로, 김치의 청량감을 높여준다)처럼 맛 좋은 대사산물을 생성하며 김치의 숙성 속도를 늦춰주는 것이 종균이 된다. 김치종균을 넣고 김치를 담그면 발효가 안정적으로 이루어져 김치 맛을 일정하게 유지할 수 있다. 김치종균을 첨가한 김치는 그렇지 않은 김치에 비해 만니톨 함량이 10~50% 증가된다. 김치종균은 김치의 맛을 끌어올리고, 김치의 품질 유지 기간을 15~30일까지 연장시킨다. 더불어 제조 공정과 제품의 품질을 표준화하고 위생적인 안정성도 높일 수 있다. 발효 과정과 시간을 조절할 수 있으니 새로운 제품 개발이 수월해졌음은 물론이다.

세계김치연구소는 지난 2013년부터 전국의 다양한 김치들에서 3만 5천여 균주의 유산균을 확보한 후 김치종균을 지속적으로 개발하고 있다. 자체 개발이 어려운 중소 업체들에게 김치종균을 공급해 김치산업이 건강

품질 향상 유산균 선발　　　김치종균 발효

지역별, 종류별 김치 수집 및　　기능성 김치종균 개발　　김치 맛 향상,
유산균 확보　　　　　　　　　　　　　　　　　　　　　김치 품질 균일

하게 발전하도록 돕기 위해서다. 또한 우수 김치종균인 '류코노스톡 메센 테로이데스*Leuconostoc mesenteroides* WiKim0121'를 대량생산 할 수 있는 공정을 개발했다. 이를 중소 김치 제조업체에 무상으로 보급하고, 종균을 이용해 김치를 담그는 매뉴얼도 제공하고 있다.

　김치종균은 김치를 담글 때 양념에 넣어 잘 섞은 뒤 버무리면 된다. 분말로 되어 있는 종균이라면 육수나 액젓에 풀어 사용한다. 종균을 얼마나 넣어야 하는지는 원·부재료의 초기 미생물 균수에 따라 조정할 수 있는데, 보통 겨울에는 1g당 1백만 마리, 봄·여름·가을에는 1g당 1천만 마리가 되도록 첨가하면 된다.

　세계김치연구소는 김치종균 보급 사업 등 김치산업계가 필요로 하는 기술을 개발하며 국내외에서 국산 김치의 가치 증진 및 확대·보급을 위한 연구에 힘쓰고 있다. 현재 종균김치 개발은 품질 균일화, 맛 향상, 품질 유지 기한 연장 등에 주력하고 있지만, 앞으로는 건강 기능성을 강화하는 방향으로 나아갈 계획이다. 기능성 종균을 적용하면 프로바이오틱스김치, 항비만김치, 백신김치 등도 개발할 수 있을 것이다.

김치 세계화의 토대,
코덱스

국제식품규격위원회 Codex Alimentarius Commission (CAC)는 국제연합 산하 세계보건기구 WHO와 국제식량농업기구 FAO가 공동으로 운영하는 전문 기구로, 국제적으로 사용될 수 있는 식품의 규격인 코덱스를 제정·관리하고 있다. 코덱스위원회 CAC는 식품의 국제 교역 촉진과 소비자 건강 보호, 식품의 공정한 무역을 보장하기 위해 설립되었으며, 현재 189개 회원국이 가입되어 있다.

1995년 세계무역기구 WTO 출범과 함께 '위생·검역 조치 적용에 관한 협정 Agreement on the Application of Sanitary and Phytosanitary Measures (SPS 협정)' 및 '무역에 관한 기술 장벽 협정 Agreement on Technical Barriers to Trade (TBT 협정)'이 발효되면서 코덱스 기준·규격은 식품 분야의 유일한 국제규격으로 인정되고 있다. 특히 국가 간 무역 분쟁 및 통상 마찰 시 판단 기준으로 활용됨에 따라 식품 분야의 최고 권위를 가진 국제규격으로 그 중요성이 날로 높아지고 있다.

세계가 인정한 김치 종주국

지난 2001년 CAC에서 배추김치에 대한 국제표준규격을 제정했다.

우리나라는 지난 1994년부터 김치의 국제규격화를 추진해 왔으며, 오랜 노력 끝에 우리가 제안한 규격을 주축으로 지난 2001년 7월 5일 스위스 제네바에서 열린 제24차 CAC에서 김치의 국제식품규격이 최종 승인된 것이다.

코덱스 규격에서 김치는 '소금에 절인 배추에 고춧가루, 마늘, 생강, 파, 무 등의 양념을 혼합한 뒤 젖산 생성에 따른 적정한 숙성과 보존성을 유지하면서 저온에서 발효한 식품'으로 정의되었다. 그뿐 아니라 김치의 공식 명칭이 'Kimchi'로 결정됨에 따라, '김치'라는 한국 고유의 이름이 전 세계에서 통용될 수 있는 발판이 마련되었다. 이로써 한국이 김치의 종주국이라는 사실도 공식화되었다. 특히 '채소 절임 식품'의 국제표준규격이 있는 상태에서 '김치'에 대한 별도 규격이 제정된 것은, 김치를 일반 절임 식품들과 다른 별개의 발효 식품으로 인정했다는 점에서 그 의미가 남다르다.

우리나라 식품이 국제규격을 획득한 것은 김치가 처음이며, 단일 채소 발효 식품으로는 유일한 국제규격이다. 국제규격 식품으로 인정받으면서 김치는 해외에서 더욱 관심을 받게 되었고, 덕분에 수출량도 크게 늘어 김치의 세계화에 한 걸음 나아갈 수 있었다.

코덱스에 오른 인삼과 고추장, 곶감

김치에 이어서 인삼도 2015년 국제식품규격을 승인받았다. 이전까지만 해도 인삼은 대부분의 국가에서 '의약품'으로 취급받았다. 의약품은 식품보다 공급 조건이 까다롭고 통관세에서도 불리하다. 인삼이 식품과 식품 원료로 코덱스 규격을 인정받으면서 인삼 수출에 청신호가 켜졌다.

2020년에는 고추장과 곶감도 코덱스 규격을 얻으면서 세계인에게 알려졌다. 예전에는 'red pepper paste'라고 표기하던 고추장도 우리가 부르는 이름 그대로 'Gochujang'으로 표기하게 되었다. 김치의 뒤를 이어 인삼과 고추장도 세계 사람들이 즐겨 찾는 음식으로 인정받고 있다는 뜻이기도 하다. 코덱스는 세계 여러 나라에서 인정하는 기준이기 때문이다.

부풀어 터지지 않는
김치 포장재의 비밀

상품 김치는 만드는 과정에서도 정성이 많이 들어가지만, 유통 과정에서도 줄곧 세심하게 관리해야 한다. 온도의 영향을 크게 받는 발효 식품 특성상 10℃ 이하의 저온을 유지하지 않으면 안 된다. 운반은 냉장 시설을 갖춘 차량으로 해야 하고, 마트에서도 냉장 보관이 필수이며, 택배 배송도 보냉제와 함께 스티로폼 박스에 해야 하는 것도 그 이유에서다.

당연히 김치의 포장에도 신경을 써야 한다. 간혹 김치통이 부풀어 오르는 경우를 본 적이 있을 것이다. 이때 뚜껑을 열면 '퍽' 하는 소리와 함께 시큼한 냄새가 난다. 김치유산균이 발효되면서 만들어 내는 이산화탄소 때문이다. 이산화탄소는 김치에 톡 쏘는 맛을 부여하지만, 김치 포장과 유통을 까다롭게 만든다. 간혹 외국에서는 김치를 피클처럼 유리병에 담아 유통하는 경우가 있는데, 김치가 발효되면서 유리병이 파손되는 일이 생기기도 한다.

김치 속 이산화탄소를 제거하라

김치 제조업체들은 상품 김치를 처음 출시한 1989년 이래로 김치 속 이산화탄소 제거를 위한 기술 개발에 힘써 왔다.

처음 등장한 기술은 지금도 흔히 볼 수 있는 가스 흡수제다. 가스 흡수제의 주원료는 수산화칼슘으로 이산화탄소를 빨아들인다. 가스 흡수제는 포장재 안쪽에 부착하는데, 간혹 김칫국물에 오염되어 흡수력이 떨어지기도 해서 포장재를 이중으로 만들고 그 사이에 넣기도 한다.

가스 흡수제 말고 다른 방법을 쓰는 경우도 있다. 김치 용기에 밸브를 달거나 누름판을 부착하는 것이다. 한 업체는 김치의 톡 쏘는 맛을 살릴 정도의 이산화탄소를 유지하는 특수 필터와 산소 유입을 막는 밸브를 하나로 결합해 김치 용기에 달았다. 또 다른 업체는 특허받은 누름판을 김치 용기에 부착해 이산화탄소를 자연스럽게 배출하도록 했다.

상품 김치는 이러한 포장 기술 덕분에, 유통 중에 팽창하거나 파손되는 일 없이 안전하게 소비자에게 전해지고 있다. 최근에는 김칫국물은 스며들지 않으면서 이산화탄소만 빨아들이는 다공성 미세 가공필름도 개발되었다. 페트통에 포장한 김치나 익혀서 살균 처리한 김치캔도 있는데 주로 해외 수출용으로 팔리고 있다.

김치 냄새 잡는 포장 용기

세계김치연구소는 천연 물질을 활용해 냄새 잡는 포장 용기를 개발했다. 발효 과정에서 발생하는 이산화탄소를 배출해 용기의 팽창을 막는다 해도 가스와 함께 새어 나오는 냄새의 문제가 남는다. 이를 위해 세계김치연구소는 다양한 천연 물질에서 탈취 성분을 찾아 연구를 거듭해 왔다. 그리고 마침내 알칼리성 천연 물질이 냄새에 달라붙어 이산화탄소와 함께 밖으로 새어 나오지 못하도록 막는 기술을 개발했다. 냄새 흡착 기술은 김치 말고 다른 발효 식품 용기에도 적용할 수 있다.

　　세계김치연구소에서는 포장 용기 내부의 이산화탄소 양을 제어하는 '포장 팽창 방지 기술', 김치의 신선도를 오래 유지해주는 '산소 제거 포장 기술' 개발 연구도 진행하였다. 또한 플라스틱 원료로 압출이나 사출, 성형 등의 방법을 거쳐 이산화탄소·산소를 제거하는 기능의 마스터배치masterbatch(기본 플라스틱 원료와 첨가제를 고농도로 농축하여 분산시켜 놓은 펠릿 모양의 원료)를 개발해 업체에 기술이전을 완료했다. 김치 냄새의 배출을 막는 기능성 포장재가 개발되면 김치산업뿐 아니라 관련 기업들에도 큰 힘이 될 것이다.

간단하게 담근다,
김치 밀키트

코로나19 이후 집에서 음식을 해 먹는 사람들이 부쩍 늘었다. 그간 1인 가구나 맞벌이 가구의 증가로 외식 횟수가 점점 느는 추세였지만, 사회적 거리 두기로 외출이 어려워지면서 부득이 변화된 현상이다. 다행히 집밥의 번거로움을 줄여주면서 간단하고 맛있게 끼니를 해결할 수 있도록 다양한 밀키트가 등장했다. 이런 시대적 흐름에 발맞춰 김치 밀키트도 시판되었다. 김치는 재료 준비부터 맛 내기까지 만들기가 매우 까다롭지만 그래도 일단 담가 놓으면 한동안 반찬 걱정에서 자유롭다. 김치 밀키트는 그런 소비자의 심리를 잘 공략한 상품이다.

절임배추와 시판 양념

절임배추를 이용하면 김치 담그기가 한결 수월하다. 배추 절이기는 시간과 정성이 꽤 드는 일인 데다 초보자는 알맞게 절이기가 어렵다. 잎 끝쪽은 잘 절여졌는데 뿌리 쪽의 두툼한 부분이 그대로거나, 소금을 너무 많이 넣어 쓴맛이 나기도 한다. 이런 고충을 해결해주는 상품이 바로 '절임배추'다. 김치 양념을 직접 만드는 것이 번거롭다면 시중에서 판매하는 간편 양념들을 구입해서 사용할 수 있다. 겉절이 양념, 깍두기 양념, 보쌈김치 양념, 부추 김치·파김치 양념, 오이소박이 양념 등이 시리즈 상품으로 출시되면서 맛있는 김치 만들기가 한결 편해졌다.

한 번에 준비 끝, 김치 밀키트

절임배추와 김치 양념을 함께 묶어 파는 밀키트도 있다. 인터넷쇼핑몰에서 주문하면 아이스박스에 담긴 김치 밀키트가 배송된다. 아이스박스 안에는 절임배추, 양념소, 만드는 방법이 들어 있어서, 설명서에 따라 절임배추의 물기를 뺀 뒤 곧바로 양념소를 넣어 버무리면 된다.

김치 밀키트는 아이들과 함께 만들어 보기에, 적은 양을 간편하게 만들기에 좋다. 상품 김치를 사서 먹는 것보다는 만드는 기쁨이 있고, 입맛에 맞게 양념의 양을 조절할 수 있으며, 취향에 따라 다른 채소들을 더 추가할 수도 있다. 김치를 담그는 데 영 자신이 없더라도 김치 밀키트로 몇 번 경험을 쌓은 뒤에는 직접 양념을 만들거나 배추를 절이는 일에 도전해 볼 자신이 생길지 모른다.

그렇다면 오래 두고 먹을 김장은 어떨까?

여러 지자체에서는 해마다 김장철이면 '김장대전'을 열어, 지역에서 나는 신선한 채소들로 여럿이 함께 김장하고 나누는 행사를 진행한다. 김장대전에 참여하면 초보자들도 어렵지 않게 김장에 도전할 수 있다.

대표적으로 광주광역시에서 실시하는 '빛고을사랑나눔김장대전'에서는 세계김치연구소와 대통령상 수상자들이 함께 개발한 조리법으로 청정 지역의 좋은 재료들을 공동구매해 김장을 한다. 부담 없이 저렴하게 김장

김치를 마련할 수 있는 생활축제다.

김치는 이제 주부의 주도하에 온 가족이 협력하여 만드는 음식에서 나아가, 누구나 손쉽게 구매하거나 만들어 먹을 수 있는 음식으로 진화하고 있다.

세계인의 입맛을
사로잡다

김치가 탁월한 건강식품이며, 특히 최근에는 김치 덕분에 한국이 코로나19로 인한 사망자가 상대적으로 적다는 연구 결과가 널리 알려지면서 세계인들의 관심이 김치에 쏠리고 있다. 또한 K팝과 K드라마의 인기도 K푸드라 불리는 한국 음식, 특히 김치에 대한 관심을 부추기고 있다. 덕분에 한국 식당과 한인마트에서만 팔던 김치가 요즘은 세계의 다양한 지역에서 팔리고 있다.

건강한 음식, 김치에 관심 갖는 미국

최근 미국에서는 한식의 인기가 대단하다. 2019년 시장조사 기관 '스타티스타Statista'의 보고서에 따르면, '미국 내 한국 음식의 인기도'는 응답자 5백 명 가운데 '매우 인기 있다'가 37.2%인 데 반해 '인기 없다'는 6.8%로 나타났다. 이러한 사회 분위기를 보여주듯 미국에서 김치 수요는 꾸준히 늘고 있으며, 실제로 대형마트와 편의점에서도 김치가 팔리고 있다.

과거에는 냄새 고약한 음식으로 외면받던 김치가 면역력 향상과 코로나19 예방에 도움이 되는 음식으로 인식이 바뀐 것도 큰 변화 중 하나다.

✓ **영양학자들이 말하는 김치를 먹어야 하는 10가지 이유**(〈우먼스헬스〉지 소개)

1. 소화에 좋다.
2. 면역력을 향상시킨다.
3. LDL 콜레스테롤을 낮춘다.
4. 심장 건강에 도움을 준다.
5. 염증을 완화시킨다.

6. 뇌를 건강하게 한다.
7. 체중 감량에 도움이 된다.
8. 눈 건강에 효과적이다.
9. 효모 감염을 예방해준다.
10. 혈당을 떨어뜨린다.

미국의 유명 배우 기네스 펠트로는 얼마 전 김치가 코로나19 치료에 도움이 되었으며 평소 김치와 비빔밥을 즐겨 먹는 것이 건강 비결이라고 밝히기도 했다. 하지만 그전에 이미 김치는 미국의 건강 전문지 〈헬스〉지에서 세계 5대 건강식품으로 선정됐고, 〈우먼스헬스〉지는 '김치를 먹어야 하는 10가지 이유'를 소개하기도 했다.

유럽의 한류를 주도하는 김치

유럽에서도 김치의 인기가 나날이 높아지고 있다. K팝의 선두주자 BTS가 유럽에서도 인기를 얻으면서 젊은 세대를 중심으로 한국 문화와 한식에 관심이 쏠린 것이다.

특히 발효 식품 사워크라우트를 즐겨 먹는 독일에서는 최근 김치 수입량이 두 배나 늘었다. 독일 전역에 체인을 둔 카우프호프백화점Kaufhof Department Store에서는 김치를 건강과 미용에 좋은 음식으로 소개하며 고가에 판매하는데, 특히 중산층 여성들에게 인기가 많다고 한다.

외국인 중에는 평소 김치에 별 관심이 없다가 한국을 방문한 계기로 김치의 매력에 빠지는 경우도 적지 않다. 새빨간 김치가 너무 매워 보여서 거부감을 가졌지만 아삭한 식감과 조화로운 맛에 감탄했다는 인터넷 게시글이 줄을 잇는다. 설사 김치를 좋아하지 않더라도 볶거나 구운 김치는 맛있게 먹는 이들이 많다. 최근에는 유튜버들 사이에서 매운맛 챌린지가 유행하여 매운 김치에 도전하는 이들도 늘고 있다.

아시아 국가들의 김치 사랑

베트남에서는 요즘 김치와 홍삼이 인기다. 면역에 도움이 되는 음식이라고 알려져서다. 몇 년 전까지만 해도 한인마트나 한국인 식당에서만 판매하던 김치는 대형마트로까지 그 자리를 넓혔다.

　　말레이시아, 인도네시아, 필리핀 등지에서는 한국 드라마의 인기가 김치의 인기로 이어지고 있다. 많은 이들이 드라마에서 김치 먹는 장면을 보

✓ 페이스북이 예측한 글로벌 트렌드, 김치

세계 최대 SNS서비스 회사인 페이스북은 해마다 전 세계 13개 나라 페이스북 사용자들의 공유 게시글을 분석해 다음 해 유행을 예측하는 '토픽 앤 트렌드 보고서Topic&Trend report'를 발표한다. 지난 2019년 말, 페이스북은 보고서를 통해 김치의 유행을 전망했다. 보고서는 "호주는 세계 건강 트렌드를 이끌고 있으며, 많은 호주인들이 김치나 케피르(동유럽 산악 지대에서 양과 산양의 젖을 발효해 만든 술) 같은 발효 식품을 찾고 있다. 이들 음식은 몸에 유익한 박테리아 '프로바이오틱스'로 가득 차 있어서 장을 튼튼하게 해준다. 이런 장점이 유행을 이끌 것"이라고 밝혔다.

미국의 뉴스 채널 CNN도 호주에서 유행한 건강식이 미국에서도 곧 유행할 것으로 내다봤다. 전 세계 사람들의 페이스북 공유 게시글을 토대로 한 만큼 신뢰도가 높은 자료다. 지금 전 세계에서 김치를 예의 주시하는 것이다.

거나 김치와 김치찌개를 좋아한다는 배우의 이야기를 듣고 김치를 맛보게 되었다고 한다. 그들은 김치가 의외로 입맛에 맞고 자기네 나라 음식과도 잘 어울린다며 한식당과 마트에서 김치를 사 먹거나 직접 김치를 담그고 있다.

세계로 수출되는
우리 김치

우리 김치가 세계 각지로 수출되고 있다. 그동안 가까운 나라 일본에 주로 팔리던 김치가 아시아를 넘어 미국과 유럽으로 널리 퍼져 나가는 중이다. 수출량 또한 늘어서 이제는 전 세계 어디에서나 한국산 김치를 맛볼 수 있게 되었다.

한국산 김치의 활발한 해외 진출

다른 나라에서 김치를 찾는 이들은 한국산 김치, 중국산 김치, 자국에서 생산한 김치, 자국 내 한인들이 만든 김치 등을 먹고 있다. 김치는 코로나19의 확산 이후 면역력 강화에 탁월하다고 알려지면서 그 수요가 늘어나, 우리나라 식품업계는 세계 김치시장에서 점유율을 높이기 위해 적극적인 마케팅을 펼치고 있다. 유명 요리학교와 손잡고 김치요리 대회를 개최하는가 하면, 김치 담그는 과정을 푸드아트Food Art 영상으로 만들어 랜선 요리교실도 열고 있다. 주요 김치 수입국에는 아예 김치 공장을 짓기도 했다. 현지에 김치 공장이 있으면 관세와 운송비를 줄일 수 있을 뿐 아니라 그 나라 사람들의 입맛에 맞는 김치 생산, 즉 현지화에 유리하기 때문이다.

대기업뿐 아니라 신생 브랜드들도 세계 김치시장에 뛰어들고 있다. 이들은 미국과 유럽 사람들의 입맛에 맞게 물김치나 백김치, 비건김치 등을 주력 상품으로 내놓기도 하고, 유기농 상점이나 고급 식료품점, 발효 식품 전문점, 지역 시장 등에도 김치를 적극적으로 공급하고 있다.

또한 김치는 미국에서 한인마트뿐 아니라 현지인들이 주로 찾는 월마트, 코스트코 등 대형 유통매장과 편의점까지 진출했다. 미국으로 판매한 김치 수출액은 2017년 724만 달러에서 2020년 2,305만 달러, 2021년

상위 10개국 김치 수출액 실적

구분 (단위: 천 달러, %)		2017년 수출액	2018년 수출액	2019년 수출액	2020년 수출액	2021년 수출액	2021년 전년대비 증감률	비중	연평균 증가율 ('17~'21)
	전 세계	81,393	97,456	104,992	144,511	159,915	10.7	100.0	18.4
1	일본	45,567	56,104	55,184	71,099	80,124	12.7	50.1	15.2
2	미국	7,246	8,969	14,802	23,059	28,254	22.5	17.7	40.5
3	홍콩	4,346	4,489	4,953	7,756	7,718	-0.5	4.8	15.4
4	대만	4,440	5,099	4,781	5,871	6,913	17.8	4.3	11.7
5	영국	2,686	2,784	3,322	3,802	5,501	44.7	3.4	19.6
6	네덜란드	2,435	2,989	3,398	5,147	5,448	5.8	3.4	22.3
7	호주	2,547	3,113	3,485	5,641	5,125	-9.2	3.2	19.1
8	싱가포르	1,518	1,694	2,252	4,030	3,723	-7.6	2.3	25.1
9	캐나다	1,632	2,296	2,299	3,307	3,044	-8.0	1.9	16.9
10	말레이시아	853	1,096	1,577	2,254	2,342	3.9	1.5	28.7

자료: 한국무역협회

2,825만 달러로 연평균 40.5%씩 증가하고 있다. 같은 시기 전 세계 김치 수출액은 2017년 8,139만 달러에서 2021년에는 1억 5,991만 달러로 연평균 18.4%나 증가했다.

해마다 커지는 김치 수출 규모

시장조사 전문 기관 '마켓리포츠월드Market Reports World'는 2018년 30억 달러 규모인 김치시장이 해마다 5.2%씩 성장해 2025년에는 42억 8천만 달러 규

상위 10개국 김치 수출량 실적

구분 (단위: 톤, %)		2017년 수출량	2018년 수출량	2019년 수출량	2020년 수출량	2021년 수출량	2021년 전년대비 증감률	비중	연평균 증가율 ('17~'21)
	전 세계	24,311	28,197	29,628	39,748	42,544	7.0	100.0	15.0
1	일본	13,681	16,343	15,949	20,101	21,376	6.3	50.2	11.8
2	미국	2,206	2,570	3,725	6,191	7,950	28.4	18.7	37.8
3	홍콩	1,285	1,280	1,441	2,132	2,072	-2.8	4.9	12.7
4	대만	1,472	1,587	1,421	1,725	1,888	9.5	4.4	6.4
5	호주	782	936	1,105	1,707	1,504	-11.9	3.5	17.8
6	네덜란드	652	791	902	1,302	1,378	5.8	3.2	20.6
7	영국	712	720	886	894	1,224	36.9	2.9	14.5
8	싱가포르	403	475	631	1,122	989	-11.8	2.3	25.2
9	캐나다	467	622	642	894	841	-5.9	2.0	15.8
10	말레이시아	235	295	426	563	562	-0.1	1.3	24.4

자료: 한국무역협회

모가 될 것이라고 예측하기도 했다.

현재 우리나라가 김치를 가장 많이 수출하는 곳은 아무래도 일본이다. 김치의 영양과 효능이 세계적으로 알려지면서 건강에 관심이 많은 일본에서도 김치의 수요가 더욱 늘었다. 특히 프락토올리고당을 사용한 한국산 김치는 일본에서 정장 작용 기능을 인정받아 소비자청에 기능성 표시 식품으로 등록되기도 했다. 또한 코로나19 이후 면역력 증진에 도움이 되는 건강식품 이미지가 각인되면서 주춤했던 김치 수요가 급증했다. 2021년 일본에 수출한 김치는 총 2만 1,376톤으로, 이는 일본인들이 먹는 김치 가운데 20% 정도에 해당한다. 2021년 김치 수출 실적은 2020년보다 12.7%가 증가해 8천만 달러를 넘어섰다.

한편, 이슬람 지역으로도 김치가 수출되고 있다. 이슬람 문화권에서는 이슬람 율법에서 사용이 허락된 할랄Halal 음식만 먹기 때문에, 김치 제조업체들은 할랄 인증을 받은 김치를 수출하고 있다.

✓ 할랄 인증과 김치

할랄 음식은 이슬람 율법에 따라 허용되는 음식을 뜻한다. 할랄 인증을 받으려면 육류의 경우 이슬람식 도축법인 '다비하Dhabihah'에 따라 도살한 소고기, 닭고기, 양고기, 염소고기만 써야 하고(애초에 돼지고기는 허용되지 않는다), 과일과 채소, 어패류에 대해서는 특별한 규정은 없지만 제조와 유통에 이르기까지 위생과 안전성 관리를 철저히 해야 한다. 블루오션으로 떠오른 이슬람 시장 진출에 나선 한국의 몇몇 김치 제조업체들은 할랄 인증을 받은 김치를 중동과 인도네시아 등 이슬람 국가에 수출하고 있다.

김치산업과 함께 발전하는
농어촌 산업

김치 재료는 원래 모두 우리 땅과 바다에서 나는 것들이다. 농촌에서 재배하는 배추, 무, 고추, 마늘, 파, 양파, 생강 등과 어촌에서 제조하는 소금, 젓갈 등이 그것이다. 지금은 이를 대체하는 수입산 재료들도 쓰고 있지만 다들 알다시피 우리 농수산물의 맛과 품질에 비할 수 없다.

농촌에서 생산하는 채소들

배추는 한 해에 약 2백만 톤 정도 생산된다. 우리나라는 사계절이 뚜렷하기 때문에 수확하는 시기에 따라 배추 작형을 봄배추·여름배추(고랭지배추)·가을배추·겨울배추(월동배추)로 구분한다. 지역별로 봄배추는 충청도, 여름배추는 강원도, 가을·겨울배추는 전라도에서 주로 재배되고 있어 연중 전국 각지에서 생산된다.

김장용 무는 한 해에 약 43만 톤 정도 생산되는데, 김장용으로 쓰이는 가을무는 강원도와 경기도 여주, 충청남도 당진이 유명하다. 겨울무는 달고 단단한 제주도 월동무가 대표적이다.

김치를 담그는 데 필요한 고춧가루는 가을에 수확하는 홍고추를 말려서 만든다. 우리나라 건고추 생산량은 9만 톤 정도지만, 고령화로 인한 노동력 부족, 인건비 상승, 연작피해 등의 이유로 고추 재배 농가가 줄고 있는 추세다.

그 밖에도 우리 농촌에서 재배되는 마늘, 파, 양파, 생강, 갓 등 주요 농산물은 대부분 각종 김치에 원·부재료로 사용되고 있어, 김치산업은 농업의 지속적인 발전에 견인차 역할을 하고 있다.

어촌에서 생산하는 소금과 젓갈

소금도 김치를 담그는 데 꼭 필요한 재료다. 천일염은 갯벌에서 생산하는 소금으로, 전 세계 갯벌 천일염의 약 80%가 우리나라에서 생산된다. 이 가운데 대부분이 전라남도 신안산인데, 최근 천일염을 생산하는 염전이 점점 줄어들고 있어 생산량도 그만큼 감소하는 추세다.

김치에 들어가는 젓갈은 새우젓, 멸치젓, 까나리젓, 조기젓, 황석어젓, 굴젓, 밴댕이젓 등이다. 이 가운데 새우젓과 멸치젓이 전체 생산량의 70% 정도를 차지한다. 함경도에서는 젓갈 대신 명태를 넣기도 한다.

김치 재료가 되는 농산물과 소금, 젓갈 등의 가격이 안정되면 김치산업도 더 힘차게 성장해 나갈 것이고, 김치산업이 발전해 김치 판매량이 늘면 김치 재료를 생산하는 농어촌도 더 풍족해질 것임은 물론이다. 농수산물의 계획적이고 체계화된 생산 시스템이 절실한 때다.

또한 우리 농산물과 김치는 싼 가격을 내세운 중국산 농산물, 중국산 김치와 경쟁하고 있다. 채소든 김치든 우리 것이 중국산에 비해 품질이 우수하지만 싼값을 내세워 밀고 들어오면 당해 낼 재간이 없다. 김치산업과 우리 농어촌 발전을 위해서는, 가격 경쟁에서 밀리지 않을 고품질 농산물 재배와 한국산 김치만의 다양한 경쟁력이 필요할 것이다.

5부

김치의 맛

균형과 조화의 맛

자, 지금 잘 익은 배추김치가 앞에 있다. 눈을 감고 한 입 먹으면서 어떤 맛이 느껴지는지 음미해 보자. 매운맛, 짭짤한 맛, 단맛, 쌉쌀한 맛, 감칠맛, 톡 쏘는 청량한 맛……. 한 가지 음식에서 이토록 다양한 맛이 나는 음식이 김치 말고 또 있을까?

김치 맛의 비결은 여기에 있다. 여러 맛이 조화와 균형을 이루면서 환상적인 맛을 만들며, 어떤 맛을 좀 더 강조하는지에 따라 색다른 맛이 생겨난다는 것!

이러한 팔색조 같은 맛은 바로 김치를 담그는 재료에서 나온다.

무엇보다 중요한 소금

김치에서 소금은 간을 맞추는 용도뿐 아니라 김치가 적당히 숙성하여 완전히 변질되지 않도록 사용하는 재료로서 발효 음식에 필수적이다. 특히, 배추를 소금에 절이는 단계는 김치의 맛과 조직감을 좌우하여 매우 중요하다. 배추는 소금을 뿌리거나 소금물에 담그면 삼투 현상으로 수분이 빠져나오면서 흐물흐물해지다가 짭짤하게 절여진다. 이렇게 배추에 간이 배어들면 생채소일 때보다 훨씬 오래 저장할 수 있다.

　　김치를 담글 때는 소금물의 농도가 무엇보다 중요하다. 소금기가 적으면 잡균의 번식을 막지 못해 발효가 비정상적으로 진행되고, 반면에 소금을 너무 많이 넣으면 여러 번 씻는 동안 배추의 영양분과 당류가 빠져나가 김치 맛이 밍밍해진다. 집집마다, 지역마다, 또 계절에 따라 소금의 양과 절이는 시간이 달라지지만, 보통 김장김치를 담글 때는 염도 10% 정도의 소금물에 배추를 담가 열여섯 시간 이상 절인다.

소금의 종류

우리나라 현행 식품위생법상 식염이란 바닷물이나 암염, 호수염 등에서 얻은 염화나트륨NaCl이 주성분인 결정체를 재처리하거나 가공한 것 또는 바닷물을 결정화하거나 정제·결정화한 것을 말한다. 천일염을 포함한 재제소금, 태움·용융소금, 정제소금, 가공소금 및 기타 소금으로 분류된다.

　　국제식품규격에서 정한 식염이란 주로 염화나트륨으로 구성된 결정체로 바다, 지하의 바위 퇴적염 또는 천연 소금물에서 얻는 것을 말하며, 우리나라와 달리 식염을 한 종류로 구분하고 있다.

　　천일염은 염전에서 바닷물을 자연 증발시켜 만드는 소금으로, 바람이나 태양 등 자연환경의 영향을 많이 받는다. 재제소금은 원료소금을 정제수나 해수 등으로 녹인 후 끓여서 재결정화하여 얻는 소금으로, 천일염 방식이 도입되기 전 우리나라 전통 생산방식인 자염이 여기에 해당된다. 소금 모양이 눈송이와 비슷하다고 하여 꽃소금이라고도 한다.

　　정제소금은 정제한 바닷물을 이온교환막을 통해 나트륨Na 성분만 통

과시킨 후 증발 설비에 넣어 만든 소금이다.

태움·용융소금은 원료소금을 태우거나 녹여서 그 원형을 변형한 소금으로 대나무 통에 천일염을 넣고 가마에서 구워 만드는 죽염이 여기에 속한다.

가공소금은 위에서 본 소금들 50% 이상에 식품 또는 식품첨가물을 더해 가공한 소금을 말하며, 맛소금이 정제소금에 향미증진제와 글루탐산나트륨을 넣어 배합한 가공소금이다.

기타 소금은 암염, 호수염 등이 속한다. 암염은 지하로 들어간 해수가 지각 변동으로 인해 결정되어 굳어진 것으로, 석탄을 캐는 방식과 비슷하게 굴을 파고 내려가 암염을 부수어 캐는 방법과 땅속으로 관을 내린 뒤 물을 넣어 소금을 녹여서 끌어올린 염수를 건조하여 생산하는 방식이 있다. 암염은 세계 소금 생산의 약 3분의 2를 차지하고 있다. 호수염은 고대 바다와 육지의 지각 변동으로 염호가 생성된 후 오랜 기간 수분이 증발하고 소금만 남아 있는 호수에서 생성된 소금을 말한다.

염전에서 거둬들인 천일염을
소금대차에 실어 이동하는 광경

김치를 담그기에 가장 좋은 소금으로 보통 우리나라 천일염을 꼽는다. 천일염은 염화나트륨이 주성분이지만 황산칼슘CaSO₄, 황산마그네슘MgSO₄, 염화마그네슘MgCl₂, 염화칼륨KCl 등의 무기물도 섞여 있다. 이러한 천일염은 김치의 발효 과정에서 무기물의 공급원이 되어 발효 식품의 미생물 생육을 좋게 한다. 또한 소금 성분 중 마그네슘Mg이나 칼슘Ca은 배추의 펙틴과 결합하여 아삭아삭한 맛을 더해준다.

한국의 천일염은 갯벌이 많고 조수 간만의 차가 심한 서해안과 남해안 일대의 염전에서 대부분 생산된다. 보통 4~10월 초까지 생산되지만 지역 및 기후에 따라 9월까지만 생산하기도 한다. 좋은 소금은 입자가 굵고 정육면체의 모습을 가진 것으로, 비 온 뒤 처음 생산된 소금을 깨끗하고 좋은 소금으로 여긴다.

천일염은 바닷물을 염전으로 끌어들여 햇빛과 바람으로 말리는 것이다. 바닷물이 증발하면 염판에 소금꽃처럼 결정이 피는데, 이 결정을 긁어 모아 간수(염수)를 빼면 질 좋은 천일염이 완성된다. 간수를 빼지 않은 천일염은 쓴맛이 나기 때문에 짧으면 몇 달에서 길게는 몇 해에 걸쳐 간수를 빼는 과정을 거쳐야 한다. 간수가 많이 빠질수록 소금은 보슬보슬하고 단맛이 강해진다.

바다 향 가득한
젓갈의 감칠맛

한반도에서 젓갈을 만들어 먹기 시작한 것은 삼국시대부터였다. 삼면이 바다인 우리나라는 해산물이 워낙 풍성했고, 이를 오래 두고 먹기 위해 소금을 뿌려 젓갈을 만들었다.

젓갈의 주재료인 해산물은 소금에 의해 단백질은 아미노산으로, 생선뼈는 칼슘, 인, 마그네슘 등의 무기질로 분해·발효된다. 이 과정에서 젓갈 특유의 향과 감칠맛이 생긴다. 젓갈의 짜면서도 입맛을 당기는 감칠맛은 매운 양념이 더해지면서 오랫동안 사람들의 입맛을 사로잡았고, 지금은 짠맛을 덜어 내고 새로운 재료를 더해 가며 변신을 거듭하고 있다.

젓갈의 스펙트럼

젓갈은 생선이나 조개 등을 날것인 채로 소금과 양념에 절인 음식이다. 우리나라뿐 아니라 중국, 일본, 인도, 태국 등과 유럽에서도 젓갈을 만들어 먹는다. 해산물이 풍부한 곳이라면 젓갈도 쉽게 찾아볼 수 있다. 이탈리아에서 먹는 안초비는 멸치 젓갈의 일종이며, 일본의 시오가라, 러시아의 이크라, 노르웨이의 락피스크, 스칸디나비아의 그라브락스 등도 젓갈이다.

✓ 세계 여러 나라의 젓갈

- **안초비**Anchovy: 청어과의 생선이나 작은 정어리를 소금에 절였다가 올리브유에 담가 놓는 서양식 젓갈. 피자와 파스타, 샐러드에 곁들여 먹는다.
- **시오가라**Shiokara: 각종 어패류 내장에 해산물 살을 약간 섞은 후 소금과 발효된 쌀을 함께 넣고 발효시키는 일본식 젓갈이다.
- **이크라**Ikra: 성숙한 연어나 송어의 알을 따로따로 분리하여 소금에 절인 뒤 냉장한 것으로, 러시아어로 물고기의 알을 의미한다.
- **락피스크**Rakfisk: 전통적인 동부 노르웨이 음식으로, 송어나 곤들매기 종류의 생선을 소금에 2~3개월 절인 후 먹는다.
- **그라브락스**Gravlax: 연어를 소금과 설탕, 딜dill(허브의 일종)에 담가 절인 음식으로, 북유럽에서 즐겨 먹는다. 얇게 저며 빵이나 삶은 감자에 얹어서 먹는다.

하지만 우리나라만큼 젓갈 종류나 섭취량이 많은 나라는 드물 것이다. 2001년 문화재보호재단에서 조사한 바에 따르면 우리나라 젓갈 종류는 175여 종이나 된다고 한다. 우리가 주로 먹는 젓갈은 새우젓, 조개젓, 오징어젓, 낙지젓, 창난젓, 꼴뚜기젓, 까나리젓(액젓), 황석어젓, 멸치젓(액젓), 어리굴젓, 명란젓 등이다. 그중 새우젓, 멸치액젓, 까나리액젓 등이 김치 담그는 데 사용된다. 젓갈 시장으로는 충청남도의 논산시 강경읍과 홍성군 광천읍, 전라북도 부안군 곰소가 유명하다.

김치에 들어가는 젓갈

반찬으로 먹던 젓갈이 김치에 들어가게 된 것은 꽤 오래전인 듯하다. 1500~1600년대 기록을 보면 곤쟁이젓을 넣은 김치가 등장한다.

김치에 들어가는 젓갈은 주로 새우젓, 멸치액젓, 까나리액젓이지만 지역에 따라 다양한 젓갈이 쓰인다. 서울·경기 지역에서는 새우젓과 조기젓, 경상도에서는 멸치젓·갈치속젓·꽁치젓, 전라도는 조기젓·밴댕이젓·병어젓을 종종 쓴다.

김치에 젓갈을 넣으면 숙성이 더 잘 된다. 젓갈이 이미 한차례 발효 과정을 거쳤기 때문이다. 그뿐 아니라 김치에 감칠맛을 더해주고 아미노산의 함량도 높여준다. 물론 젓갈을 너무 많이 넣으면 김치가 빨리 익고 적게 넣으면 감칠맛이 덜하기에 젓갈의 양을 잘 조절해야 한다.

새우젓은 배추김치나 깍두기, 갓김치 등 여러 김치에 두루 들어간다. 다른 젓갈과 함께 써도 잘 어울리고, 김치에 시원한 맛을 더한다. 새우젓은 담그는 시기에 따라 5월에 담그는 오젓, 6월에 담그는 육젓, 가을에 담그는 추젓, 겨울에 담그는 동백하젓으로 나뉜다. 김장에는 크고 살이 통통한 육젓이 가장 좋다.

멸치젓도 김치에 많이 넣는 젓갈로, 국물만 걸러 낸 액젓이 주로 쓰인다. 멸치젓은 전라남도 목포 근처의 추자도에서 나는 것이 유명하다.

조기젓은 김장김치에 특히 많이 쓰는 젓갈이다. 조기 살은 다져서 김치 양념에 섞고, 나머지는 물을 붓고 끓인 다음 걸러서 김치에 붓는다. 조기젓을 넣어 담근 김치는 구수한 맛이 난다.

신선하고 향긋한
채소의 맛

김장을 위해 다듬어 놓은 배추의 노란 속잎을 떼어서 먹어 본 이라면 배추의 달고 시원한 맛과 연한 식감을 잘 알 것이다. 수분이 많고 단단한 가을 무는 한 입 베어 물기만 해도 순식간에 갈증이 가신다.

배추와 무뿐만 아니라 담백하고 신선한 채소들은 여타의 양념 없이 그대로 먹어도 맛있다. 여기에 마늘, 생강, 양파 같은 향긋하고 톡 쏘는 양념

——————— **김장 재료**

용 채소들이 함께하면 또 다른 맛의 향연을 경험할 수 있다. 김치의 맛은 바로 이러한 다양한 채소들이 절묘하게 어우러져 만들어진다.

달고 고소한 배추의 맛

우리나라 사람들이 가장 많이 먹는 김치는 배추김치다. 배추김치 중에는 봄동김치나 얼갈이김치도 있고, 배추를 썰어서 담그는 막김치도 있다. 하지만 배추를 2등분하거나 4등분해서 만드는 포기김치가 가장 일반적이며, 김장 때도 포기김치를 가장 많이 담근다. 요즘에는 배추 재배 기술의 발달로 사계절 내내 배추를 수확하지만, 그래도 11월의 가을배추가 역시 가장 맛이 좋다.

봄동은 겨울에 재배하는 배추의 한 종류다. 결구되지 않아 옆으로 퍼져 있으며, 결구배추보다 달고 고소하다. 겨우내 먹은 김장김치가 슬슬 지겨워지는 초봄 무렵 봄동으로 겉절이를 담가 먹으면 새봄이 찾아오듯 입맛이 되살아난다.

얼갈이배추는 늦가을부터 초겨울까지 재배하는 배추다. '얼갈이'라는 이름은 얼다 녹다 하며 자란다고 해서, 혹은 딱딱하게 언 땅을 대충 갈아 심었다고 해서 붙여졌다고 한다. 잎이 결구되지 않고 쭉 뻗은 얼갈이배추는 겉절이를 담그기도 하고, 국을 끓이거나 살짝 데쳐서 나물로 무쳐 먹기도 한다.

배추는 어떤 종류든 모두 단맛이 나며, 칼슘과 비타민C, 식이섬유가 풍부하고, 수분 함량도 높다. 한방에서는 배추가 침의 분비를 촉진해 소화를 돕고, 내장의 열을 내리게 한다고 소개한다. 또한 충분한 수분으로 자연스러운 이뇨 작용을 돕고, 식이섬유가 많아 변비를 예방하며, 비타민A와 베타카로틴β-carotene이 풍부하여 시력을 보호하고 백내장·야맹증·안구 건조증을 예방하며, 특히 항암 기능이 있다고 알려진 글루코시놀레이트 glucosinolate 함량이 높다. 그야말로 '종합 영양제'라고 불러도 좋을 정도다.

배추는 국을 끓이거나 쌈을 싸서 먹거나 전을 부쳐 먹기도 한다. 오래 전부터 술을 마신 다음 날에는 배춧국을 먹으며 속을 풀기도 했다. 또 배추 씨에서 짠 기름은 칼이나 쇠그릇의 녹을 방지하고 머릿기름으로 쓰였다.

시원하고 아삭한 무

무는 깍두기처럼 김치의 주재료로도 쓰이지만 채를 썰어 배추김치의 양념 소로도 흔히 쓰인다. 좋은 무를 고르고 싶다면 무의 줄기인 무청이 싱싱하 고 잎이 많은지, 그리고 손으로 들었을 때 묵직한지 확인하면 된다.

조선무라고 부르는 통무를 비롯해 총각무, 순무, 방울무 등으로 김치 를 담가 먹으며, 무로 담근 김치로는 깍두기, 섞박지, 총각김치, 동치미, 통 무김치 등이 있다. 무청은 따로 말려 두었다가 나물이나 국으로 먹는다.

무는 예전부터 배추와 함께 소화를 돕는 채소로 꼽혔다. 무에는 탄수 화물을 분해하는 아밀라아제, 지방을 분해하는 리파아제, 단백질을 분해하 는 프로테아제가 들어 있고, 식이섬유가 풍부하여 장을 깨끗하게 하며, 변 비를 예방한다. 무에 함유된 베타인Betaine 성분은 간의 해독 작용을 도와주 며 간에 지방이 쌓이는 것을 막아준다. 한방에서는 가래가 끓고 목이 아플 때는 무를 달여서, 체하거나 위가 아플 때는 무를 갈아서 먹게 한다.

매콤한 고추의 맛

좋은 고춧가루를 써야 김치를 맛있게 담글 수 있다는 건 두말하면 잔소리다.

배추에 버무리는 양념소 맛은 고춧가루에 의해 좌우된다. 보통 햇볕에 말린 국산 태양초 고춧가루를 최고로 치며, 잘 말린 태양초는 몸통이 빨갛고 꼭지는 노란빛을 띤다. 간혹 말리지 않은 홍고추를 그대로 갈아 양념으로 쓰기도 하고, 동치미를 담글 때는 고추를 소금물에 담가 삭혀서 넣기도 한다.

고추 역시 건강에 이로운 것은 물론이다. 고추에는 특히 비타민C가 듬뿍 들어 있어 감기를 예방하고 피로를 풀어주며 피부 건강도 지켜주는데, 동일한 양의 사과보다 열여덟 배나 많이 함유되어 있다고 한다.

그뿐 아니라 고추의 매운맛을 내는 캡사이신은 체지방을 분해하고 지방을 연소시키며 암 예방에도 효과가 좋다. 또 고추에 많은 베타카로틴과 비타민E는 몸속 활성산소를 제거해 노화를 방지한다.

알싸한 마늘과 생강의 맛

김치를 만드는 데 없어서는 안 될 또 하나의 중요한 재료가 바로 마늘이다. '단군신화'에도 등장할 정도로 한민족은 오래전부터 알싸한 향과 맛을 지닌 마늘을 즐겨 먹었다. "모든 한식에는 마늘이 들어간다"는 이야기가 있듯, 한국인 한 사람이 한 해 동안 먹는 마늘의 양은 대략 7kg이나 된다는 한국농촌경제연구원의 조사 결과가 있다. 전 세계적으로 한 해 동안 먹는 마늘의 평균 양이 약 0.8kg이니 세계 평균치에 비해 한국인이 약 9배를 더 먹는 셈이다. 마늘 향이 강한 김치를 즐기는 이들도 많아 '마늘김치'라는 이름의 상품 김치가 따로 나오기도 했다.

마늘은 천연 항생제라 할 만큼 항균 활성이 뛰어날 뿐만 아니라, 김치를 맛있게 발효시키는 미생물이 풍부하여 김치를 만들 때 빼놓을 수 없는 필수 양념 채소다.

마늘은 원기를 보충하는 강장제로도 알려져 있는데, 마늘의 알리신 성분은 잡균들을 없애 유산균이 번성할 수 있는 환경을 만들어주고 김치의 맛을 변하지 않도록 해준다. 알리신과 더불어 비타민B1은 신경을 안정시켜 불면증을 개선하고, 시스테인과 메티오닌 성분은 해독 작용으로 간을 튼튼하게 하며, 칼륨은 과도하게 쌓인 나트륨을 배출시켜 혈액순환을 돕는다.

또한 생강도 김치의 주요 양념 채소다. 생강은 매운맛과 독특한 향기가 나는 채소로, 우리가 먹는 부분은 주로 덩이줄기다. 즙을 내거나 빻아서 김치나 여러 음식에 양념으로 쓰고, 편강이나 차로 만들어서 먹기도 한다.

한방에서는 "자기 전에는 무를 먹고 일어나서는 생강을 먹어라"라고 할 만큼 생강이 식욕을 돋우고 소화·흡수를 돕는다고 알려져 있다. 생강의 진저롤 성분이 위액 분비와 소화, 신진대사를 촉진해 면역력에 도움을 주는 것이다.

생강을 고를 때는 향이 강하고 껍질이 얇으며 노란빛을 띠는 것이 좋다.

대파와 쪽파의 맛

파로 담그는 파김치는 알싸한 향과 맛으로 인기가 많다. 쪽파로든 대파로든 김치를 담가 먹는데 쪽파로 담그는 파김치가 더 일반적이며, 대파로 김치를 담그면 '대파김치'라고 구분하여 부른다. 파도 무처럼 배추김치나 다른 김치의 양념으로 쓰인다. 대파를 양념에 넣을 때는 어슷썰기를 하고, 쪽파는 3~4cm 정도로 썬다.

싱싱한 파를 고르려면 크기와 굵기가 일정하면서 잎의 끝부분까지 시들지 않아야 한다. 또 파의 흰 부분과 푸른 부분의 경계가 확실한 것이 좋다.

파에도 비타민A와 C, 칼슘, 인 등 다양한 영양분이 들어 있다. 특히 파의 매운맛을 내는 황화아릴 성분은 우리 몸에서 소화액의 분비를 돕는다. 초록색 파 이파리에는 눈 건강에 좋은 비타민A가 많으며, 파 뿌리에는 혈액순환을 돕고 신경을 안정시키는 알리신이 풍부하다.

민간요법에서는 파가 감기 치료제로 흔히 쓰여서, 감기에 걸리면 파 뿌리를 달여 마시거나 파를 넣고 죽을 끓여 먹는다.

맵싸한 갓의 향기와 맛

갓은 배추와 무를 먹기 훨씬 전부터 먹어 온 채소로, 독특한 향과 매운맛이 난다. 갓을 주재료로 담그는 갓김치도 있지만, 보통은 잘게 썰어 김치 양념으로 넣는다. 갓의 종류로 청갓과 홍갓이 있는데, 여수 돌산 갓으로 유명한 청갓은 주로 갓김치를 담그고, 홍갓은 양념에 넣는다. 김장철을 위해 심는 갓을 따로 '김장갓'이라 부르기도 한다.

이 밖에도 김치에는 향긋한 미나리를 썰어 넣거나 양파와 과일을 갈아서 넣기도 한다. 여러 채소를 버무려 맛의 조화를 끌어낸 것이 '김치의 맛'이다. 예전에는 김치를 담글 때 가능한 한 '쇠로 만든 칼'을 쓰지 않고 손으로 다듬으려고 했다. 시든 이파리들을 떼어 내거나 생긴 모양대로 쪼개고 가르는 식이었다. 물론 무와 같은 단단한 채소들은 칼을 사용할 수밖에 없었지만, 채소들의 생명력을 최대한 칼로 해치지 않겠다는 조상들의 마음가짐이 참으로 겸허하고 경건하게 느껴진다.

상상을 초월하는
김치의 가짓수

우리 식탁에 자주 오르는 김치에는 어떤 것들이 있을까? 얼른 떠올려도 배추김치, 총각김치, 깍두기, 오이소박이, 나박김치, 동치미, 파김치, 열무김치, 갓김치, 부추김치 등이 있다.

　　지금 나열한 김치 말고도 재료, 만드는 시기, 담그는 방법 등에 따라 김치의 종류는 250여 종이나 된다. 그중에서도 담그는 방법에 따라 다시 또 세세하게 나누면 무려 1천여 가지에 이르고, 이를 넘어 김치가 세계화·현지화되면서 김치의 가짓수는 지금 이 순간에도 계속 늘어나고 있다.

배추와 무로 담그는 김치

우리 밥상에 오르는 가장 일반적인 김치는 배추김치다. 배추를 소금에 절였다가 포기마다 양념을 채워 익힌 뒤 먹는다. 배추김치 가운데는 고춧가루를 쓰지 않고 담그는 백김치도 있다. 백김치에는 국물을 많이 붓기 때문에 맛이 순하고 시원하다. 1980~1990년대에 배추를 구하기 어려운 군부대에서는 배추 대신 양배추로 김치를 담그기도 했다. 양배추김치는 배추김치와는 또 다르게 달착지근하면서 식감도 아삭하여 별미다.

무로 담근 김치 가운데 가장 많이 먹는 것은 깍두기다. 깍두기는 무를 작고 네모나게 썰어 소금에 절인 후 양념과 함께 버무려 만든다.

동치미는 자그마한 통무를 소금에 굴려 2~3일 저장하여 수분을 뺀 뒤에 파, 마늘, 생강, 갓, 배, 삭힌 고추 등을 넣고 소금물을 부어 담근다. 먹을 때는 무를 썰어 시원한 국물과 함께 그릇에 담는다.

나박김치는 무를 얄팍하면서 네모지게 나박나박 썰어 소금에 절인 다음 고추, 파, 마늘, 미나리 따위를 넣고 국물을 부어 담근다. 국물은 고춧가루를 베 보자기에 비벼 붉은색이 우러나게 한 소금물을 쓰지만, 요즘에는 멸치액젓으로 간을 하기도 한다.

총각김치는 무청이 달린 총각무로 담그는데 알타리김치, 달랑무김치라고 불리기도 한다.

이외에도 열무김치가 있다. 예전에는 어린 무의 싹을 뽑아 담갔지만, 지금은 열무가 따로 개량되어 나온다. 열무는 무와 무청을 모두 먹는데, 주로 여름철에 담가 먹는다.

오이소박이와 파김치

대표적인 여름 김치로 오이소박이가 있다. 오이소박이는 십자로 칼집을 낸 오이에 부추를 넣은 양념을 채워 만든다. 오이의 찬 성질과 부추의 따뜻한 성질이 조화를 이뤄 건강에 좋을뿐더러 오이의 아삭아삭한 식감도 일품이다.

파김치는 맛이나 모양의 특징이 조금 독특하다. 막 담갔을 때는 파 특유의 알싸한 향이 입맛을 돋우는데, 푹 익으면 알싸한 향은 사라지고 일반

김치처럼 시큼한 맛이 난다. 파김치만의 독특한 맛을 즐기려면 너무 익혀 먹지 않는 것이 좋다. 또한 파김치가 익으면 뻣뻣했던 파 줄기에 양념이 배면서 축 늘어지는데, 흔히 이 모양을 보고 지쳐서 녹초가 된 사람에게 비유적으로 '파김치가 되었다'고 표현한다.

나물과 해물로도 담근다

흔히 들어 보지 못한 독특한 김치들도 많다. 텃밭에서 키우는 상추, 쑥갓, 가지, 미나리, 깻잎, 고구마줄기, 콩잎 같은 다양한 채소가 김치의 재료가되고, 들에 흔하게 핀 고들빼기, 민들레, 돌나물, 도라지로도 김치를 담가먹는다.

또한 지역에 따라 구하기 쉬운 재료들을 활용해 김치를 담그는데, 해산물이 흔한 제주도와 전라남도 완도에서는 내륙에서는 보기 힘든 전복으로 김치를 담근다. 전복김치는 전복을 살짝 데쳐 내장을 제거한 뒤 얇게 저미고, 무를 납작하게 썰어 소금에 절인 다음 배와 유자, 대파, 생강을 채 썰어 넣고 소금물을 자작하게 부어서 삭히면 된다.

또한 콩나물콩이 많이 나는 전주 지역에서는 콩나물로 물김치를 담그기도 한다. 콩나물김치는 콩나물을 데쳐 양념들을 넣고 소금물을 부어 담근다.

약한 이를 위한 배려, 숙김치

숙김치라는 김치가 있다. 치아가 약한 노인들을 위해 무를 삶아서 담그는 김치다. 김치의 아삭한 식감은 사라지지만 씹기에 부드러워 노인들에게는 먹기 편한 김치다. 숙김치는 무 말고도 열무, 오이, 두릅, 미나리 등을 데쳐서 담그기도 한다.

달콤한 과일로 담그는 김치

과일로도 김치를 담글 수 있다. 과일로 담근 김치는 달고 향이 좋으며 색도 곱다. 사과와 배로 만든 깍두기를 비롯해 참외김치, 수박껍질김치, 토마토김치, 복숭아김치, 샤인머스캣김치도 있다.

토마토김치는 단단하고 약간 푸르스름한 토마토에 미나리, 오이, 파프리카 등을 함께 넣어 담근다. 고춧가루를 넣어 매콤하게 담그지만 경우에 따라서는 고춧가루를 넣지 않고 담근 토마토김치도 있다. 복숭아김치는 딱딱한 복숭아로 담그는 물김치로, 고춧가루 대신 홍고추를 넣고 파프리카를 더해 고운 색을 낸다. 더운 날 국물과 함께 시원하게 먹으면 좋다.

먼 나라에서 온 새로운 채소를 활용한 김치

"한국인들은 새로운 채소를 보면 일단 김치로 담가 본다"는 우스갯소리가 있다. 김치로 담글 수 있는 채소는 무궁무진해서 실제로 먼 나라에서 들어온 루콜라나 콜라비, 박하도 김치의 재료가 된다.

이탈리아에서 즐겨 먹는 루콜라는 피자나 샐러드에 넣어 먹는 채소로, 열무와 식감이 비슷하고 향긋해 김치를 담가도 맛이 좋다.

콜라비는 북유럽의 해안 지방이 원산지로 양배추와 순무를 교배시켜 만든 채소다. 맛이 순하고 달기 때문에 생으로 먹기도 하지만 삶거나 말려서 먹기도 한다. 무 대신 콜라비를 잘라 깍두기나 물김치를 담그면 달고 시원한 맛이 일품이다.

박하김치는 박하 잎과 양배추, 무 등을 넣고 담그는 물김치인데, 산뜻한 향이 입맛을 돋우어 한식은 물론이고 서양 음식과도 잘 어울린다.

김치는 어떻게 어마어마한 가짓수를 자랑하게 된 것일까? 이는 우리 조상들이 김치가 익는 발효 원리를 잘 이해하고 적극적으로 활용해서다. 원재료가 부족하면 대체할 것을 부지런히 찾아 창의력과 상상력을 더해 새로운 김치를 만들면서 말이다. 지혜로운 조상 덕분에 우리는 지금 온갖 김치들을 맛볼 수 있게 되었으니, 참으로 감사할 일이다.

환경과 건강을 생각하는
채식김치

전 세계적으로 채식이 새로운 트렌드로 떠오르고 있다. 건강 때문에 채식을 선택하는 사람도 있고, 환경과 생태를 보호하기 위해, 혹은 동물을 사랑하는 마음에서 채식을 마음먹은 사람도 있다. 우리나라에서도 채식에 동참하는 인구가 갈수록 늘어나면서 채식주의자를 위한 식품도 확대되고 있다.

채식주의자들이 주목하는 음식, 김치

채식주의자는 먹는 음식의 종류에 따라 여러 유형으로 나뉜다. 완전 채식을 실천하는 사람들을 '비건Vegan'이라고 하고, 채식에 유제품을 먹으면 '락토Lacto vegetarian', 유제품에 달걀까지 먹으면 '락토-오보Lacto-Ovo vegetarian', 달걀과 유제품 및 해산물을 먹으면 '페스코Pesco vegetarian', 가금류까지 먹으면 '폴로Pollo vegetarian'라고 한다. 주로 채식을 하지만 종종 고기도 먹는 사람들은 '플렉시테리언Flexitarian'이라고 하며, 최근 우리나라에서는 고기로 국물을 낸 음식은 먹지만 덩어리 고기를 먹지 않는 '비덩(非덩어리)주의자', 즉 채식 지향인들도 생겨나고 있다.

　채식하는 이들에게 김치가 매력적인 음식임은 당연한 일일 것이다. 김치는 채소가 주재료이며 종류도 다양하고 건강에도 좋으니 이만한 음식이 어디 있겠는가? 그렇지만 채소만 먹는 비건에게는 김치에 해산물이나 고기로 우린 육수, 젓갈을 사용하면 문제가 된다.

김치에 들어가는 젓갈은 양념의 간을 맞추고 감칠맛을 더한다. 젓갈이 아니라도 해산물이나 사골 국물, 멸치 육수로 맛을 내는 경우가 있는데, 이는 시원하고 깊은 맛을 더하기 위해서다. 그렇다면 젓갈이나 해산물, 고기 육수를 쓰지 않고 채소만으로 맛있는 김치를 담그려면 어떻게 해야 할까?

사실 아주 오래전부터 '채식김치'를 만드는 곳이 있다. 바로 사찰이다.

담백하게 만드는 사찰김치

우리가 김치를 먹어 온 세월이 천 년이 넘은 만큼 사찰김치의 역사도 마찬가지다. 충청남도 보은의 법주사와 전라북도 남원의 실상사 등 삼국시대의 사찰에서 김치 같은 저장 식품을 보관할 때 쓰는 옹기(독)와 돌항아리가 발견되었다. 이를 통해 우리의 김치 역사가 삼국시대 이전부터 시작되었고, 사찰을 중심으로 김치의 초기 형태인 채소 절임을 먹었다는 사실을 미루어 짐작할 수 있다.

사찰은 스님들이 수행하며 함께 사는 공동체다. 스님들은 음식 만드는 것을 수행으로 여겨 김치도 불가의 가르침에 따라 담근다. 경상남도 합천의 해인사에서는 해마다 무려 배추 5천 포기로 김장을 하는데, 이는 해인사 스님들과 사찰을 찾는 이들이 다 같이 나누어 먹기 위한 것이다. 나흘 동안 진행되는 김장 울력(여러 사람이 힘을 합하여 일하는 것)에는 스님들과 마을 사람들이 함께한다. 많은 이들이 김장을 공덕 쌓는 일이라 여기며 한마음으

충청북도 보은의 법주사에는 거대한 규모의 돌항아리가 땅에 묻혀 있다. 깊이는 225cm, 윗부분의 바깥지름은 180cm에 달하며, 여러 개의 돌을 가공해 쌓아 올린 형태다. 통일신라시대에 승려 3천여 명이 먹을 김치를 저장하던 것으로 추정된다. 옆의 사진은 발굴 당시의 모습이다.
자료: 국가문화유산포털

로 정성껏 김치를 담근다.

사찰에서 만들어 먹다가 민간에 전해진 김치도 있다. 사찰이 주로 깊은 산에 있다 보니 산나물로 김치를 담갔는데, 참나물에 고춧가루와 들깻가루를 넣어 만드는 참나물김치가 대표적인 사찰김치로 꼽힌다. 이외에도 산미나리김치, 호박김치, 죽순물김치, 불뚝김치 들이 있다. 불뚝김치는 상추를 대까지 잘라 담근 김치를 말한다.

살림집에서 담그는 김치는 젓갈을 빼고서는 상상하기 어렵지만, 불가에서는 살생을 금하기 때문에 육류는 물론이고 해산물이나 젓갈도 쓰지 않는다. 또 오신채五辛菜도 넣지 않는다. 오신채는 자극적인 맛을 내는 다섯 가지 채소로 파, 마늘, 부추, 달래, 흥거를 이른다. 이들 채소는 날로 먹으면 성내는 마음을 일으키고 익혀 먹으면 음심淫心(음란하고 방탕한 마음)을 일으켜 수행을 방해한다고 한다.

사찰음식은 자극적인 양념을 피하고 재료 본연의 맛을 살려 만드는데, 김치 또한 마찬가지다. 육수 대신 버섯 등으로 채수를 내고, 파와 마늘 대신 찹쌀풀, 늙은호박죽, 잣즙, 들깨즙, 땅콩즙 등을 넣어 맛을 더한다. 또 간장을 넣어 감칠맛을 살리거나 아예 장김치를 담그기도 한다.

젓갈이나 해산물이 들어가지 않은 김치는 맛이 깔끔하고 담백해서 채식주의자가 아니더라도 좋아하는 이들이 많다. 채식 인구가 늘어나고 담백한 맛을 즐기는 이들이 늘면서 김치 제조업체들도 앞다투어 채식김치를 내놓고 있다.

김치를 못 먹는 사람들을 위한 대안

수진 씨는 새우 알레르기가 있는 아이를 키우고 있다. 새우야 안 먹으면 그뿐이라고 생각했는데, 문제는 김치였다. 김치에 들어간 새우젓이 아이에게 알레르기 반응을 일으켰고, 수진 씨는 아이가 김치를 먹지 못하는 것이 못내 안타까웠다. 김치와 김치찌개, 김칫국을 빼고 상을 차리자니 번거롭기도 했고, 아이가 김치 아닌 다른 채소 반찬은 전혀 먹으려 들지 않아 건강이 걱정되었다.

그러다 구입하게 된 채식김치는 수진 씨의 고민을 말끔히 해결해주었다. 김치는 아이 입맛에 잘 맞았고, 알레르기 반응도 일으키지 않았다. 밥과 국, 김치만 있으면 뚝딱 밥상을 차려 낼 수 있어 식사 준비도 한결 수월해졌다. 무엇보다 몸에 좋은 김치를 아이에게 먹일 수 있어서 마음이 든든했다. 그래서 수진 씨는 앞으로도 쭉 채식김치를 먹을 생각이다.

수진 씨네 아이처럼 새우 알레르기가 있어 김치를 못 먹는 사람들이 생각보다 많다. 젓갈의 비릿한 냄새를 싫어하는 사람들도 있다. 이럴 땐 채식김치가 제격이다.

김치와
찰떡 궁합 음식들

한번 상상해 보자. 오후 8시, 회사에서 일을 마치고 집에 돌아왔다. 오늘 하루는 정말 정신없이 바빴고, 점심밥도 대충 때워야 했다. 저녁만큼은 시간을 들여 맛있게 음식을 차려서 먹고 싶다. 냉장고에는 마침 알맞게 익은 배추김치가 있다. 무엇과 같이 먹을까?

갓 지은 밥 한 그릇

갓 지어 김이 모락모락 나고 윤기가 잘잘 흐르는 밥 한 그릇, 옆에는 맑은 국 한 그릇이나 된장찌개가 있을 수도 있겠다. 국물을 한 모금 떠먹은 뒤 따뜻한 밥 한 숟가락에 잘 익은 배추김치 한 조각을 올려 먹으면 어떨까? 아마 다른 어떤 요리도 부럽지 않을 만큼 맛이 일품일 것이다. 김치는 원래 밥과 함께 먹으려고 만든 것이니, 김치와 궁합이 맞는 음식으로 밥보다 훌륭한 건 없다.

사실 꼭 따뜻한 밥일 필요도 없다. 찬밥에 물을 말아 한 숟가락 떠서 김치를 얹어 먹어도 썩 잘 어울린다. 이럴 때는 배추김치도 좋지만 열무김치나 오이소박이도 훌륭한 선택이다.

돼지고기 수육

김치와 함께라면 수육도 좋다. 돼지고기 삼겹살이나 앞다리살을 삶아 낸 부드러운 수육은 김치와 더없이 잘 어울린다. 담백한 수육과 매콤한 김치가 서로 보완하며 한층 풍요로운 맛을 낸다.

사실 수육은 어떤 김치와도 잘 어울리지만, 갓 담근 김장김치와 먹을 때가 가장 맛있다. 그래서 김장하는 날이면 꼭 돼지고기 수육을 준비하는 집들이 많다. 절인 배춧잎과 양념을 따로 담아 수육과 함께 싸서 먹기도 하고, 굴을 곁들여 먹기도 한다. 여럿이 모여 김장을 한 뒤 함께 먹을 음식을 따로 마련하기가 번거롭고 고단하니 큰 솥에 돼지고기를 삶고 갓 담근 김치를 썰어서 내놓으면 푸짐하게 한 상 차릴 수 있다.

따끈따끈한 군고구마

매일 먹는 밥이 조금 지겹다면 김치 옆에 밥 대신 군고구마를 놓아도 좋을 것이다. 굽거나 찐 따끈한 고구마는 그냥 먹어도 달고 맛이 좋지만, 김치와 함께 먹으면 달콤함이 맵고 짭짤한 맛과 절묘하게 어우러져 환상적인 겨울철 간식이 된다. 더구나 고구마에는 칼륨이 많이 들어 있어 나트륨 배출을 도와주므로 건강에도 유익하다.

겨울철에 제맛이 나는 동치미도 고구마와 잘 어울린다. 고구마를 먹다 목이 멜 때쯤 시원한 동치미 국물을 한 모금 삼키면 목 넘김이 부드러워지면서 소화도 잘되고 입맛도 깔끔해진다.

국수를 한 그릇 말아 김치와 함께 먹어도 좋다. 개운한 멸칫국물을 부은 잔치국수, 뜨끈뜨끈한 칼국수, 시원한 콩국수와도 김치는 참 잘 어울린다.

칼국수에는 새콤하게 잘 익은 김치를 곁들여도 맛있지만 겉절이도 썩 잘 어울린다. 마늘이 듬뿍 들어간 겉절이로 유명한 명동의 한 칼국수 집에는 김치를 먹기 위해 찾아오는 손님들도 많다고 한다. 그런 이들을 위해 이 가게에서는 겉절이를 상품화해 따로 판매하고 있다.

소면을 삶아서 김칫국물에 말아 김치말이 국수를 해 먹거나 김치를 잘게 썰어 넣고 비빔국수를 해 먹어도 별미다. 특히 여름철에 많이 먹는 열무김치에다 국수를 말아 먹으면 시원하고 상큼한 맛이 그만이다.

김치와 국수의 절묘한 궁합은, 국수의 사촌쯤 되는 라면과 김치 사이에도 그대로 적용된다. 라면과 김치는 그야말로 떼려야 뗄 수 없는 조합이다. 인스턴트식품의 대명사인 라면에 김치를 곁들이면 나름 갖추어진 식탁이 된다.

카레라이스

김치와 먹으면 맛이 좋은 음식으로 많은 이들이 카레를 꼽는다. 카레는 인도의 커리curry가 영국과 일본을 거쳐 우리나라에 들어와 탈바꿈한 음식으로, 우리는 주로 밥과 함께 먹는다. 인도 커리와 달리 우리나라의 카레는 강황을 더 넣어 선명한 노란빛을 띠며 맛이 순하고 연한 편이다. 이는 밥에 카레를 부어 반찬, 특히 김치와 함께 먹기 좋도록 변형된 것이다.

카레라이스에는 잘 익은 배추김치나 총각김치, 깍두기가 어울린다. 그래서인지 인스턴트카레와 김치캔을 함께 묶어 판매하는 상품이 나오고, 카레와 무로 담그는 카레김치가 개발되기도 했다.

김치와 의외로 잘 어울리는 음식은 정말 많다. 중국 요리로 유명한 한 요리 연구가는 김치와 치즈케이크를 함께 먹어 보라고 권하기도 했다. 언뜻 고개가 갸웃거려지기도 하지만 치즈케이크의 느끼한 맛을 김치가 깔끔하게 잡아주리란 걸 쉽게 떠올릴 수 있다.

이렇듯 김치와 전혀 다른 음식의 새로운 조합을 찾아보는 건 흥미로운 일일 것이다. 미처 생각지 못한 별미가 우리를 기다리고 있을지 모른다.

김치찌개부터 김치팝콘까지,
김치로 만드는 음식들

얼마 전 어느 영화관에서 김치팝콘을 선보였다. 한 음료 회사에서는 김치 에너지드링크와 동치미 맛 탄산음료를 내놓기도 했다. 김치 맛은 우리에게 익숙하지만, 김치팝콘이나 김치음료수의 맛은 얼른 상상하기 어렵다.

　김치팝콘과 김치음료수를 접하는 이들은 대부분 한 번쯤 맛을 보고 싶어 한다. 팝콘과 음료수에서 우리가 잘 아는 김치 맛이 얼마나 나는지 궁금해서일 테다. 우리는 과연 '김치 맛이 이런 음식과도 잘 어울리는구나! 김치로 못 만드는 음식이 없구나!' 하고 새삼 감탄하게 될까?

김치찌개와 두부김치, 김치가 만들어 내는 다양한 맛

김치는 다른 요리의 재료로 활용하기에도 참 좋은 음식이다. 오지랖이 넓어 여러 음식들과 잘 어울리기도 하지만, 끓이거나 볶거나 찌거나 심지어 양념을 물에 헹궈 내더라도 본연의 맛을 잃지 않으면서 다른 재료들과 더없이 잘 섞인다.

　김치를 활용한 요리 가운데 대표적인 것이 김치찌개다. 김치찌개는 한국인이 가장 좋아하는 한식 중 하나이며, 실제로 2019년 한 조사 기관에

김칫국
김치를 물에 씻어서 멸칫국물
등을 붓고 끓인다. 콩나물을 더해
시원한 맛을 살리기도 하고, 밥을
넣어 국밥을 만들 수도 있다.

김치볶음밥
프라이팬에 잘게 썬 김치와 밥을
넣고 볶으면 된다. 햄, 소시지,
통조림 참치, 김, 파, 달걀 등을
넣기도 한다.

두부김치
김치를 기름에 볶은 뒤 두부를
데쳐 곁들인다.

따르면 무려 21%의 한국인이 김치찌개를 가장 좋아하는 요리로 꼽았다고
한다.

김치찌개는 김치에 물을 붓고 돼지고기나 통조림 참치·꽁치 등을 넣
고 끓인다. 여기에 파, 양파 같은 채소나 두부를 넣기도 한다. 이때는 되도
록 신김치를 넣는 것이 좋다. 얼큰한 국물과 푹 익어 부드러워진 김치에, 김
치 양념이 밴 고기나 생선을 함께 먹을 수 있는 김치찌개는 조리 과정도 간
단하고 맛을 내기도 수월하다.

김치파스타와 김피탕, 그리고 김치시즈닝

김치를 이용한 음식들은 한식에만 머무르지 않는다. 서양 음식들과 김치가
만나 탄생한 김치파스타, 김치버거, 김치피자 같은 음식들은 이제 익숙한
맛이 되었다. 김치와 피자치즈, 탕수육이 합쳐진 '김피탕'은 요즘 많은 이들
이 맛보고 싶어 하는 '핫'한 음식이다.

─────── 김치시즈닝과 김치시즈닝을 뿌린 김치팝콘

자료: 서울시스터즈

자료: CJ CGV

여기서 한 걸음 더 나아가, 누구든지 어떤 음식이든지 김치 맛을 내게 하는 김치 맛 조미료가 개발되었다. 바로 '김치시즈닝'이다. 음식에 톡톡 뿌리기만 하면 김치의 매운맛과 감칠맛을 더해주는 김치시즈닝은 현재 전 세계 사람들에게 사랑받는 제품이다. 실제로 미국 인터넷쇼핑몰 '아마존'에서 가장 많이 팔리는 시즈닝이 바로 김치시즈닝이다.

김치팝콘도 팝콘에 김치시즈닝을 뿌려 만든다. 김치팝콘을 맛본 이들의 후기에 따르면 맵고 짠 김치시즈닝과 달콤한 팝콘의 맛이 조화를 잘 이룬다고 한다. 한 영화관에서는 항아리 모양의 용기에 김치팝콘을 넣어 시각적 재미를 더하기도 했다. 또 김치시즈닝을 활용한 김치스낵도 출시되었다.

김치, 지속 가능한 미래를 여는 공동체 음식

김치는 한국인들의 입맛과 몸 건강은 물론이고 마음까지 채워주는 소울푸드입니다. 또한 나눔의 가치를 실천하는 한국 고유의 문화이지요.

　이러한 김치가 최근 세계 여러 나라 사람들의 열렬한 사랑을 받고 있습니다. 코로나19가 전 세계를 위협하는 동안, 김치가 식이섬유가 풍부한 채소 발효 식품으로서 면역력 향상에 탁월하다는 사실이 널리 알려져서지요.

　김치 맛의 비밀을 쥐고 있는 김치유산균은 장을 깨끗하게 하고, 면역력을 높여 아토피와 알레르기를 개선하며, 암과 비만을 억제하는 등 놀라운 건강 효능을 발휘합니다. 김치유산균의 효능 덕분에 김치를 찾는 사람들이 많아지면서 김치 수출액은 폭발적으로 증가했고, 세계 곳곳에서는 현지 재료를 만나 새로운 김치가 탄생하는 일까지 생기고 있습니다.

　천년 넘게 우리 곁에 있었던 김치가 지금 특별한 사랑을 받는 이유는 단지 맛있고 건강에 좋아서만은 아닙니다. 맛과 영양과 더불어, 함께 김치를 담그고 나누어 먹는 김장문화가 전 인류에게 공동체의 귀한 가치를 전하기 때문입니다. 2013년 유네스코가 한국의 김장문화를 인류 무형문화유산으로 지정한 것도 그런 이유였지요.

또한 김치는 자연의 리듬을 따른 친환경 식품으로서 미래 세대를 위한 지속 가능한 음식으로 주목받고 있습니다. 지속 가능한 음식이란, 만들고 유통하는 과정에서 지구를 해치는 이산화탄소와 오·폐수 등이 적게 나오는 음식을 말하지요. 육류는 식탁에 오르기까지 사료와 오물 처리, 운반 비용 등 엄청난 탄소와 오·폐수를 배출합니다. 기후 위기를 막고자 육류를 멀리하고 채식을 하는 사람들이 괜히 느는 것이 아닙니다. 세계 어디든 그 지역에서 많이 나는 신선한 채소들로 넉넉히 담가서 함께 나눠 먹을 수 있는 김치는, 친환경 음식이자 공동체 음식으로서 발전 가능성이 무궁무진합니다.

지구와 미래 세대를 위해 다양한 변주를 이어갈 음식, 김치가 그릴 미래가 아닐까 합니다.